AF290594

Bibliografische Information der Deutschen Nationalbibliothek:

Die Deutsche Nationalbibliothek verzeichnet diese Publikation in der Deutschen Nationalbibliografie; detaillierte bibliografische Daten sind im Internet über http://dnb.d-nb.de abrufbar.

Impressum:

Lektorat: Sophie Strohmeier

Copyright © 2015 ScienceFactory

Ein Imprint der GRIN Verlags GmbH

Druck und Bindung: Books on Demand GmbH, Norderstedt, Germany

Coverbild: Referee foul © bradcalkins – fotolia com

Fußball und Homosexualität. Immer noch Grund für eine rote Karte?

„Über Diskriminierungen von männlicher Homosexualität und Fritz Morgenthalers psychoanalytisch orientierter Sicht als Beitrag zur Entpathologisierung" von Dirk Wagner

2005

Vorwort

Die vorliegende Arbeit ist die Fortentwicklung eines Seminarreferats. Sie verfolgte nicht den Anspruch auf Neuentdeckungen, Neuinterpretationen oder eine Einschätzung von Morgenthalers Rolle und Einfluss in der Psychoanalyse. Die Arbeit geht mehr in die Breite als in die Tiefe. Ihr Bestreben ist eher ein Verstehen des Modells von Morgenthaler, dessen Einordnung in den Kontext von Geschichte und Gesellschaft sowie eine kritische Auseinandersetzung damit.

Der Titel dieser Hausarbeit und der Titel des Thesenpapiers („Zu Fritz Morgenthalers Sicht auf männliche Homosexualität – ein Weg aus der psychoanalytischen Störungsperspektive") zur Seminargestaltung im Juli 2005 unterscheiden sich voneinander. Grund dieser Änderung ist, dass dem Verfasser dieser Arbeit während des Arbeitsprozesses deutlicher wurde, dass die speziell der Psychoanalyse zugeschriebene oder unterstellte Perspektive der Störung wahrscheinlich doch nicht typisch psychoanalytisch war (vgl. Kapitel 3 und besonders 4). Sicherlich haben zahlreiche Psychoanalytiker zur Diskriminierung von Homosexuellen beigetragen und mit ihren Theorien, Homosexualität sei eine Entwicklungsstörung usw., auch anderen Stellen und Personen Ressentiments und Argumentationshilfen geliefert. Aber die Entwicklung psychoanalytischer Diskurse ist nicht losgelöst von gesellschaftlichen Debatten einzuordnen, auch wenn Freud selber sich in seinen Ansätzen weit von damals populären Meinungen und der zeitgenössischen Sexualwissenschaft entfernt und vieles neu entdeckt oder neu formuliert hat. Insgesamt gab es in der Psychoanalyse einerseits zur Homosexualität aufgeschlossene Kreise wie eben Freud und Morgenthaler und andererseits diskriminierende Kreise. Darin spiegelt sich vielleicht eine Stimmung der Gesellschaft wieder. Der Ursprung von Diskriminierung gegenüber Homosexualität ist sicher nicht der Psychoanalyse anzulasten. Ihr wäre eher anzulasten, dass sie die Stigmatisierungen nicht kritischer hinterfragt hat. Diskriminierungen gingen aus von der Kirche, der Politik, vom Staat und eben auch von Psychiatrie, Psychotherapie und Psychoanalyse.

Es war (ist) in weiten Teilen Konsens, Homosexualität zu diskriminieren, wenn manche dabei auch sicher nicht ein Bewusstsein dafür hatten (haben), dass sie diskriminieren. Es scheint heute so zu sein, dass die Schwulenbewegung (hierunter ist an dieser Stelle zu verstehen, dass homosexuelle Männer sich in verschiedenen Formen in einem emanzipatorischen Sinn offen zeigen) aufklärend bis in fast alle Teile der Bevölkerung hineingewirkt und einen Einstellungswandel bewirkt hat, auch in der Psychoanalyse.

1. Einleitung

Fritz Morgenthaler erklärte zu Beginn der 80er Jahre des vorigen Jahrhunderts, Homosexualität sei wie Heterosexualität eine normale sexuelle Orientierung. „Was war daran so besonderes?" könnte darauf mancher moderne Zeitgenosse begegnen. Um die Leistung und auch den Mut von Morgenthaler heute angemessen einschätzen und würdigen zu können, ist es ratsam, einen Blick in die deutsche Vergangenheit zu werfen: Homosexuelles Verhalten wurde im 19. Jahrhundert mit einem negativen Beigeschmack als Perversion aufgefasst, in Psychiatrien wurden im letzten Jahrhundert zahlreiche „Behandlungen" mit dem Ziel der Transformation zur Heterosexualität durchgeführt und in der BRD waren „Homosexuelle Handlungen" noch bis 1969 im § 175 StGB generell verboten. Gleichgeschlechtliche Küsse im Fernsehen oder Diskussionen über Elternschaften von Schwulen und Lesben waren zu Lebzeiten Morgenthalers kaum vorstellbar. Zudem arbeitete Morgenthaler psychoanalytisch, d.h. in der Therapierichtung, der z.B. Wiesendanger (der zum Thema Schwule und Lesben in der Psychotherapie arbeitet) vorwirft, sie habe Schwule und Lesben besonders pathologisiert und diskriminiert (Wiesendanger, 2001, S. 49 ff.).

Die vorliegende Arbeit setzt sich mit Morgenthalers Theorie zur Homosexualität, welche in dem Buch „Homosexualität, Heterosexualität, Perversionen" wiedergegebenen wird, auseinander. Zunächst wird in Kapitel 2 die Person Morgenthalers vorgestellt. In Kapitel 3 werden die relevanten Begriffe definiert. Um Morgenthalers Thesen im Kontext der Zeit besser einordnen zu können, werden in Kapitel 4 Diskriminierungen gegenüber Homosexualität erörtert. Der Bereich Psychiatrie und Psychoanalyse wird dabei besonders betrachtet. In Kapitel 5 wird dargelegt und kritisch diskutiert, wie Morgenthaler die Entwicklung zur Homosexualität erklärte. In Kapitel 6 wird die anlässlich der Jahrtausendwende von Wissenschaftlern geführte Debatte zum Stand der homosexuellen Identität reflektiert und auch in Verbindung zu Morgenthalers Modell gesetzt. Im abschließenden Kapitel 7 wird die Hausarbeit inhaltlich zusammengefasst und ein Resümee gezogen.

Es geht dabei in erster Linie um *männliche* Homosexualität. Grund dafür ist, neben einer Eingrenzung des Themas, dass Morgenthaler seine Erkenntnisse überwiegend durch das Studium männlicher Homosexueller gewonnen hat. Er argumentierte, dass man die Homosexualität von Frauen nicht einfach umkehren könne und diese einer besonderen Betrachtung bedürfe (Morgenthaler, 2004, S. 102). Auch die in Kapitel 6 verwendete Literatur bezieht sich dem Thema entsprechend in erster Linie auf männliche Homosexuelle.

2. Zur Person von Fritz Morgenthaler und zu seinem Buch „Homosexualität, Heterosexualität, Perversionen"

Fritz Morgenthaler hat sich in seiner psychoanalytischen Praxis mit sexuellen Fragen und besonders mit männlicher Homosexualität beschäftigt. Seine Publikationen dazu aus den Jahren 1961 – 83 sind in dem bereits erwähnten Buch 1984 erschienen und wurden von ihm zu Lebzeiten noch überarbeitet.

In der jüngeren Gegenwart fand aus Anlass des 20. Todestages von Morgenthaler eine Wiederbeschäftigung mit seiner Person und seinen Thesen statt. Zum einen wurde das in der Überschrift benannte Buch 2004 in einer Neuauflage der Ausgabe von 1994 gedruckt und findet sich in vielen Versandgeschäften aufgelistet (Literatur *über* Fritz Morgenthaler hat der Verfasser dieser Hausarbeit hingegen nicht gefunden). Zum anderen fand zur Erinnerung an Morgenthaler 2004 in Zürich ein Kongress des Psychoanalytischen Seminars Zürich (PSZ – das nach Eigendarstellung größte Ausbildungsinstitut für Freudsche Psychoanalyse in der Schweiz; Morgenthaler war einer der Gründer; www.psychoanalyse-zuerich.ch/) statt. Teilnehmer waren überwiegend psychoanalytisch tätige Menschen, u. a. der Sexualwissenschaftler Volkmar Sigusch, in dessen Auftrag Morgenthaler seinerzeit einen Text schrieb (vgl. Kapitel 5). Während des Kongresses „Faire travailler Morgenthaler" (deutsch: Morgenthaler zum Arbeiten bringen) wurde Morgenthaler gewürdigt und sich mit der Aktualität seiner Erkenntnisse beschäftigt. In den Zeitungsartikeln zu dem Kongress wird inhaltlich besonders hervorgehoben, dass Morgenthaler zu Sexualität geforscht hat, dass er Homosexualität als gewöhnliche sexuelle Orientierung verstand und an die Kraft einer zu befreienden Sexualität glaubte. Gegen Ende seines Lebens habe er für sich in Anspruch genommen, dass Freudsche Sexualverständnis erweitert zu haben. (Feddersen, 2005; Binswanger, 2005).

Fritz Morgenthaler wurde lt. dem Nachwort des o. g. Buches 1919 in eine großbürgerliche Künstlerfamilie geboren, sein Vater war impressionistischer Maler, seine Mutter gestaltete Puppen. In Paris besuchte er die Volksschule, in Zürich ging er aufs Gymnasium und zur Universität.

1945 schloss er sein Medizinstudium ab. Morgenthaler arbeitete als Arzt und absolvierte gleichzeitig eine Ausbildung zum freudianisch geprägten Psychoanalytiker, ab 1952 führte er in dieser Funktion eine Praxis in

Zürich. Mit Paul Parin und dessen Ehefrau Goldy Parin-Matthéy gründete er 1958 das Psychoanalytische Seminar Schweiz und leitete es mehrere Jahre. Morgenthaler war in vielen Instituten als Dozent der Psychoanalyse tätig, in den letzten Jahren besonders in Italien. Morgenthalers Reisen finden eine besondere Erwähnung in dem Nachwort, da sie ihn inspiriert hätten. Beruflich unternahm er mit dem Ehepaar Parin „ethnopsycho-analytische Forschungsreisen" und auch privat unternahm er mit seiner Ehefrau Ruth viele Fernreisen auf andere Kontinente. Das Ehepaar Morgenthaler hatte gemeinsam zwei Söhne. In den letzten Jahren wandte Morgenthaler sich zunehmend der Malerei zu und hatte auch Ausstellungen seiner Aquarelle, Ölbilder und Kreidezeichnungen. 1984 starb Morgenthaler auf einer Reise in Äthiopien 65jährig an einem Herzinfarkt (Parin, 2004, S. 199 f.).

Die von Morgenthaler vertretene Auffassung zur Homosexualität war zur damaligen Zeit gewagt und keinen Konsens in der deutschen Gesellschaft oder in Psychiatrie und Psychotherapie. Man kann fragen, wie er zur Entwicklung seiner Thesen kam. Sein Kollege Parin schreibt dazu, dass Morgenthaler sich in einem Umfeld von Künstlern und relativ frei von Einschränkungen bewegt habe. Er habe auf Reisen viele Erfahrungen gesammelt und sich „mit Körper, mit Formen und Farben intensiv beschäftigt". Parin beschreibt Morgenthaler mit Begriffen wie „unabhängig", „frei", „kreativ", „vorurteilslos", er habe ein Lebensgefühl gehabt, „das ihm den Zugang zum Sexuellen in jeder Form ermöglicht" (Parin, 2004, S. 204 f.). Parins Formulierung legt die Frage nahe, was damit genauer gemeint sein könnte. Ist es ein Hinweis darauf, dass Morgenthaler neben dem beruflichen Kontext auch privat einen besonderen Zugang zum Thema Homosexualität hatte? Auf dem erwähnten Kongress zu Morgenthaler berichteten Teilnehmer/innen über jüngere Männer, „die im privat-homosexuellen Leben des Fritz Morgenthaler größere Aufmerksamkeit erhielten als dessen Ehefrau" (Feddersen, 2005). Demnach existiert eine Debatte über Morgenthalers sexuelle Orientierung. Man kann die Frage stellen, ob Morgenthaler seine Thesen auch vor dem Hintergrund seiner eigenen Biographie formuliert hat.

Es war scheinbar seine bewusste Entscheidung, die eigene sexuelle Orientierung nicht (deutlich) zu offenbaren. Zumindest wollte er nicht, dass man als Analytiker in einem therapeutischen Setting zuviel darüber verrät: „Die eigene Einstellung und Ansicht zur Homosexualität soll nicht aufgedeckt werden. Damit würde man der Verführung, die in der Neugier liegt, nachgehen" (Morgenthaler, 2004, S. 63). Bei dieser Argumentation stellt sich die Frage, ob Morgenthaler auch geschrieben hätte, dass man seine Einstellungen und Ansichten zur Heterosexualität nicht aufdecken solle.

3. Zur Definition der Begriffe

3.1. Diskriminierung

„Verstöße gegen die Gleichberechtigung werden als Diskriminierung bzw. Privilegierung bezeichnet (...) Gleichberechtigung bezeichnet die rechtliche Gleichheit verschiedener Rechtssubjekte in einem bestimmten Rechtssystem (...) Erst im zwanzigsten Jahrhundert erfolgte in Europa die Gleichberechtigung der Frau im Staat, wie sich an der Einführung des Frauenwahlrechts nachzeichnen lässt (...) Der Gleichheitsgrundsatz ist in Artikel 3 des Grundgesetzes der Bundesrepublik Deutschland garantiert:

(1) Alle Menschen sind vor dem Gesetz gleich.

(2) Männer und Frauen sind gleichberechtigt. Der Staat fördert die tatsächliche Durchsetzung der Gleichberechtigung von Frauen und Männern und wirkt auf die Beseitigung bestehender Nachteile hin.

(3) Niemand darf wegen seines Geschlechtes, seiner Abstammung, seiner Rasse, seiner Sprache, seiner Heimat und Herkunft, seines Glaubens, seiner religiösen oder politischen Anschauungen benachteiligt oder bevorzugt werden. Niemand darf wegen seiner Behinderung benachteiligt werden. " *(Wikipedia, 2005, http://de.wikipedia.org/wiki/Gleichberechtigung).*

„Die Antidiskriminierungsstelle der Stadt Wien definiert Diskriminierung umfassender als am rechtlichen Aspekt: „Es gibt sehr viele im Detail unterschiedliche Definitionen von Diskriminierung. Auf den Punkt gebracht aber, ist Diskriminierung jede Form von Benachteiligung, Nichtbeachtung, Ausschluss oder Ungleichbehandlung von einzelnen Menschen oder Gruppen auf Grund ihnen angedichteter oder in einem bestimmten Zusammenhang nicht relevanter Merkmale " *(Antidiskriminierungsstelle der Stadt Wien, 2005).*

In dieser Hausarbeit wird unter Diskriminierung gegenüber homosexuellen Männern verstanden, dass diese wegen ihrer sexuellen Orientierung benachteiligt, nicht beachtet, ausgeschlossen oder ungleich behandelt werden.

3.2. Homosexualität

„Homosexualität bezeichnet eine sexuelle Orientierung, bei der romantische Liebe und sexuelles Begehren ausschließlich oder vorwiegend gegenüber Personen gleichen Geschlechts empfunden werden."
(Wikipedia, 2005, http://de.wikipedia.org/wiki/Homosexualit%C3%A4t)

Der Begriff Homosexualität ist eine Wortneubildung aus griechisch *homo* (gleich, gleichartig) und lateinisch *sexus* (das männliche und das weibliche Geschlecht). Der Begriff wurde 1869 von dem Schriftsteller Karl Maria Kertbeny geprägt. Homosexuelle Männer werden auch *Schwule* bezeichnet. Der ursprünglich abwertend gebrauchte Begriff *schwul* wurde von der Schwulenbewegung als politischer Kampfbegriff übernommen. Damit wurde die abwertende Bedeutung zurückgedrängt, so weit, dass der Begriff heute im Sprachgebrauch der Gesetzgebung auftaucht. „In der Jugendsprache findet sich das Wort schwul dagegen immer noch beziehungsweise wieder als Schimpfwort, das als Synonym für langweilig, weichlich oder enervierend benutzt wird" (ebd.). Zunehmend werden ab den 90er Jahren in der Homosexuellenszene auch die aus dem englischsprachigem Raum stammenden Wörter *gay* (fröhlich, bunt; wird oft als allein auf Männer bezogen verstanden) oder *queer* (seltsam, komisch; bezieht Männer, Frauen, Bisexuelle und Transgender mit ein) verwendet. In vielen nicht westlich geprägten Sprachen gibt es scheinbar keine feststehenden Begriffe für homosexuelle Personen, z.B. im Arabischen (ebd.).

Vergleicht man diese Definitionen zur Homosexualität mit solchen aus früheren Zeiten, so lässt sich feststellen, dass im 19. Jahrhundert Begriffe wie Liebe oder Romantik nicht verwendet wurden. Der Wissenschaftler Richard von Krafft-Ebing (vgl. Kapitel 3 u. 4) subsumierte 1879 noch jegliche Art der geschlechtlichen Befriedigung als pervers, die nicht der Fortpflanzung dient (Wiesendanger, 2001, S. 48). Perversion wurde als Abgrenzung zur so genannten normalen Sexualität verstanden, sie wurde unterteilt in die Hauptklassen Sadismus, Masochismus, Fetischismus und Homosexualität (Kölling, 2000, S. 7).

Von Interesse ist die Frage nach der Häufigkeit von Lesben und Schwulen. Dazu gibt es unterschiedliche Zahlen, die zwischen einem und zehn Prozent schwanken. Als Grund dafür werden abweichende Definitionen des Gegenstandes genannt. In mancher Untersuchung wird nach dem sexuellen

Verhalten gefragt, in manch anderen nach dem sexuellen *Erleben*. Auch lassen sich die damit verbundenen Graubereiche und Tabuzonen schwer erfassen (Wikipedia, 2005, Homosexualität; Wiesendanger, 2001, S. 22 ff.). Anhand der Untersuchungen kann man aber festhalten, dass weite Teile der Bevölkerung über gleichgeschlechtliche sexuelle Erfahrungen verfügen, wenn auch mit unterschiedlicher Intensität und Dauer. Gleichzeitig bestehen in Teilen der Bevölkerung Ambivalenzen und Berührungsängste bis hin zu offener Ablehnung gegenüber Homosexualität.

3.3. Heterosexismus

„Heterosexismus oder auch Homophobie bezeichnet die übersteigerte Angst vor der gleichgeschlechtlichen Liebe. Als homophob werden Menschen bezeichnet, die Homosexuellen gegenüber feindlich oder aggressiv eingestellt sind (...) Der häufig verwendete Begriff ‚Homophobie' wird mancherorts als irreführend betrachtet, da er ein klinisches Krankheitsbild suggeriert. Daher wird versucht, auf den Begriff Heterosexismus auszuweichen, der die sexuelle Diskriminierung verdeutlicht"
(Wikipedia, 2005, http://de.wikipedia.org/wiki/Heterosexismus)

Ergänzend eine Definition von Wiesendanger:

„In unserer Kultur stellt Heterosexismus eine meist unreflektierte, omnipräsente Größe gesellschaftlicher Umgangsform dar, in der von frühester Kindheit an (fast) alle Menschen aufwachsen und der sich niemand entziehen kann...Mit Recht kann behauptet werden, dass wir in einer heterosexistischen Welt leben. Dieser Heterosexismus zeigt sich in allen gesellschaftlich relevanten Bereichen: in der Familie, der Schule, der Kirche, am Arbeitsplatz, in den Medien, in Werbebotschaften, in der Wissenschaft und bleibt in den allermeisten Fällen unhinterfragt"
(Wiesendanger, 2001, S. 27).

Als Gründe für Heterosexismus werden konservative Vorstellungen von Geschlechterrollen (diese könnten demnach durch Homosexualität in Frage gestellt werden und bei Betroffenen zu einer grundlegenden Verunsicherung führen) und/oder die Verdrängung eigener homosexueller Anteile (1996 wurde in einer Untersuchung an der University of Georgia festgestellt, dass als homophob eingestufte Männer beim Betrachten pornographischer Darstellungen eines Sexualaktes zweier Männer deutliche und lang anhaltende Erektionen hatten) genannt (Wikipedia, 2005, http://de.wikipedia.org/wiki/Heterosexismus).

4. Über diskriminierende und ambivalente Einstellungen gegenüber Homosexualität

Die 1993 veröffentlichte Repräsentativumfrage des Soziologen M. Bochow über Einstellungen und Werthaltungen zu homosexuellen Männern in Deutschland hatte zum Ergebnis, dass die Bevölkerung ungefähr in drei Einstellungsgruppen aufzuteilen ist: „Ein Drittel ist antihomosexuell eingestellt, ein weiteres Drittel äußert sich ambivalent und ein anderes Drittel kann als wertneutral oder wertschätzend bezeichnet werden (Bochow, 1993). An dieser Stelle ist zu fragen, welche konkreten Auswirkungen solche antihomosexuellen oder ambivalenten Einstellungen im Alltag haben. Nach Wiesendanger haben schwule Männer ein hohes Risiko, Opfer physischer und psychischer Gewalt zu werden. Für ihn gehört dazu, dass Schwule in vielen Filmen, der belletristischen Literatur oder der Presse ignoriert oder in einem zwielichtigen Zusammenhang dargestellt werden. Im beruflichen Alltag zählt er Entlassungen, Mobbing oder Übergangenwerden bei Beförderungen sowie unter Jugendlichen das Beschimpfen oder Belachen auf den Pausenplätzen zu den konkreten Diskriminierungen. Auch müssten Pädagogen mit Anfeindungen rechnen, wenn den Eltern ihre sexuelle Orientierung bekannt wird. Wiesendanger erinnert daran, dass während des Nationalsozialismus ca. 50.000 Schwule und Lesben ermordet wurden (Wiesendanger, 2001, S. 29 ff.). Von Interesse ist die Frage, wann diese Diskriminierungen historisch entstanden sind.

4.1. Geschichtliche Wurzeln der Diskriminierungen

Dem Mittelalter von etwa 500 bis 1500 kann man gemäß Hergemöller (Prof. für mittelalterliche Geschichte an der Universität Hamburg) keine „einheitliche Terminologie des gleichgeschlechtlichen Handelns und Verhaltens" unterstellen, weil „sich erst im 12. Jahrhundert eine lebendige Reflexion der Rechts-, Natur- und Sexualproblematik zu entwickeln beginnt" (Hergemöller, 2000, S. 17). Gleichwohl wurde schon im 1. Jahrhundert n. Chr. in dem Römerbrief des Paulus „eine Demarkationslinie zwischen Erlaubtem und Verbotenen, zwischen Gut und Böse, zwischen Tugend und Schande gezogen". In dieser Zweiteilung galt auf Fortpflanzung ausgerichtete Sexualität als ‚naturgemäß', während die ihr zuwiderlaufende als ‚widernatürlich' bezeichnet wurde (ebd., S. 18). Diese Paulus-Schrift ist aber im Kontext der damaligen Grundannahmen der Zeit zu verstehen. Die sozialen Rollen, auch die der Frauen, waren von einem Prinzip der Unterordnung gekennzeichnet. Paulus bezog seine Ansichten zur Homosexualität auf Päderastie und männliche Prostitution. Die Vorstellung einer „homosexuellen Natur" kannte er nicht, er verdammte homosexuelle Praktiken, die durch Heterosexuelle ausgeübt werden (Davis, K.C., 1998, S. 476). Im Mittelalter verstand man unter ‚widernatürlich' zwischenmännliche Sexualkontakte, Oral- und Analverkehr zwischen Eheleuten sowie Sexualkontakte mit Tieren. Der mittelalterliche Begriff der ‚Ketzerei`, der für Glaubenszweifel oder Irrlehre stand, wurde zunehmend auf Analverkehr und auf homosexuelle Akte jeder Art übertragen. Seit dem 13. Jahrhundert wurde auch der Begriff der „stummen Sünde" von Theologen für gleichgeschlechtlichen Sexualverkehr verwendet, damit brauchte man das „Verwerfliche" nicht zu verbalisieren (Hergemöller, 2000, S. 19). Die seinerzeit auch verwendete Bezeichnung ‚Sodomita' wurzelt im Alten Testament auf der Erzählung Genesis 19. Demnach wurden die Bewohner der Stadt Sodom, die Sodomiter, durch Gott mit Feuer und Schwefel vernichtet, u. a. weil sie mit männlichen Gästen sexuell verkehrten. Dies provozierte Gott dermaßen, dass er Rache übte und Kollektivstrafen wie Kriege, Wasser, Feuer, und Erdbeben auch gegen Unschuldige veranlasste (ebd., S. 19 f.). Nach Hergemöller bestand im späten Mittelalter „zumindest in großen Städten, das Bewusstsein von der Existenz kleinerer oder größerer Sodomitergruppen" (ebd., S. 22). Zusammenfassend lässt sich sagen, dass man bei der Suche nach Wurzeln homosexueller Diskriminierung an einer Diskussion über die Rolle der Kirche nicht umhin kommt.

1789 war es laut Hekma (Historiker, Dozent im Bereich ‚Homostudien' an der Universität Amsterdam) die Französische Revolution, „die jenem Zeitalter ein Ende bereitete, das Sodomie in weiten Teilen Europas als Kapitalverbrechen bestrafte" (Hekma, 2000, S. 43). Durch die Trennung von Kirche und Staat wurden auch Öffentlichkeit und Privatsphäre voneinander getrennt. Der Staat war fortan mehr für den öffentlichen Bereich verantwortlich, der Bürger für den privaten. Die Revolution versprach Freiheit, Gleichzeit und Brüderlichkeit. Zunächst waren damit aber in erster Linie (heterosexuelle) Männer gemeint, diese konnten sich besser von der Kontrolle durch Staat, Kirche und Familie lösen. Die Aufklärung eröffnete neue Möglichkeiten, der Zweck der Sexualität blieb aber zunächst weiterhin die Fortpflanzung, weniger das Vergnügen. Frauen wurde ein lustvolles Wesen aberkannt, eine negative Grundhaltung zur Sodomie wurde bewahrt, auch Onanie wurde verurteilt (ebd., S. 45 ff.). Die Aufklärung „neigte zur Rationalität und nicht zu Hamanns Sinnlichkeit, sie verfolgte eher eine männliche als weibliche Perspektive und eine Ökonomie der Knappheit statt des Überflusses" (ebd., S. 46; *Hamann* war ein Vertreter der Gegenaufklärung, ebd. S. 44 ff.).

4.2. Zwei geistige Lager zur Homosexualitätstheorie im 19. Jahrhundert

Im 19. Jahrhundert bildeten sich in Deutschland zwei geistige Lager der Homosexualitätskonstruktion heraus. Eines, welches männerliebende Männer als „Urninge" oder „drittes Geschlecht" bezeichnete, auf der anderen Seite das der „konträren Sexualempfindung".

Das Lager des dritten Geschlechts vertrat die Auffassung, dass der „Urning" eine weibliche Seele habe, die in einem männlichen Körper eingeschlossen sei. Hauptvertreter dieser Darstellung waren der Jurist und Publizist Karl Heinrich Ulrichs (1825 – 1895) und der Sexualwissenschaftler Magnus Hirschfeld (1868 – 1935). Hirschfeld vertrat u. a. die Auffassung, dass bei Menschen viele ‚sexuelle Zwischenstufen' existieren (Hergemöller, 2000, S. 24 ff.). Obwohl die von Ullrichs und Hirschfeld vertretenen Thesen heute als überholt gelten und nicht mehr vertreten werden, sind beide als wichtigste Personen des Beginns der Homosexuellenbewegung zu verstehen (Sigusch, 2000, S. 76 ff.).

Auf der anderen Seite der Theoriebildung stehen besonders der Nervenarzt Dr. Carl Westphal (1833 -1890) und der Professor für Psychiatrie Richard von Krafft-Ebing (1840 -1902). Krafft-Ebing lehnte die Theorie eines dritten Geschlechts ab und hielt an negativ besetzten Begriffen wie „Abweichung", „Perversion" und „Entartung" fest. Die Theorie zur „konträren Sexualempfindung" basierte auf der Annahme einer Zweiteilung zwischen „angeborener" und „erworbener" Konträrsexualität. Die angeborene verlangte nach psychiatrischer, die erworbene nach strafrechtlicher Behandlung (Hergemöller, 2000, S. 24 ff.).

In dieser Theorie galt Homosexualität gemäß Hergemöller als „angeborene, im Gehirn lokalisierte, ärztlich zu behandelnde Entwicklungsstörung" (ebd., S. 32). Der dazu gehörende Personenkreis wurde in dieser Theorie als krankhafte Gruppe definiert, die oft auch äußerlich erkennbar sei (S. 32 f.). Für Krafft-Ebing war die ‚perverse' *Empfindung* gegenüber dem eigenen Geschlecht entscheidend und nicht der *Akt* (S. 32).

Für Freud verlangte Sexualität nach Erklärungen, wenn sie nicht zum
heterosexuellen Sexualobjekt und dem „normalen" Sexualziel Koitus
strebte. Abweichungen vom „normalen" Sexualziel verstand Freud
vorrangig als Perversionen; Abweichungen in Bezug auf das Sexualobjekt
wurden eher als Variationen gedacht (Köhler, 2000, Kap. 4.2.). Direkt zur
Homosexualität äußerte Freud sich in dem „Brief an eine amerikanische
Mutter", deren Sohn homosexuell war:

4.3. Zur Einschätzung von Homosexualität in Psychiatrie und Psychoanalyse

Nach Wiesendanger blieb Krafft-Ebings Perversionsthese „über Jahrzehnte
Grundlage für das 'Verständnis' der Homosexualität in der Psychiatrie und
bewirkte (...) menschenverachtendes Denken und teilweise grausamstes
Handeln gegenüber Lesben und Schwulen" (Wiesendanger, 2001, S. 48).
Gehirnoperationen, Zwangskastrationen und -sterilisationen fanden ihren
Höhepunkt während der NS-Zeit, wurden aber auch schon länger vorher
und noch Jahre danach praktiziert (ebd., S. 48). Auch Schulen der
Freudschen Psychoanalyse pathologisierten Homosexualität. Wiesendanger
nennt hier zum einen C.G. Jung (dem Kritiker eine Kollaboration mit dem
NS-Staat und in der Zeit danach eine NS-Verklärung vorwerfen, vgl.
Gebhard, 1997), für den Homosexualität eine psychische Unreife als
Ergebnis einer ungelösten Mutterbindung darstellte, die mit einer Störung
der Geschlechtsidentität einhergehe. Nach dessen Vorstellung neigte
jemand umso mehr zur Untreue und Knabenverführung, je eindeutiger er

homosexuell sei. Homosexuelle Männer seien „effeminiert", was einem Mann nicht zustünde. Wiesendanger nennt Schüler von Jung wie Jacobi, Franz oder Nolte und zwei Vertreter der amerikanischen Psychoanalyse, Bieber und Socarides, die jeweils in der Homosexualität überwiegend pathologisches erkannt haben wollen (Wiesendanger, 2001., S. 49 ff.). Noch 1985 sei der Psychoanalytiker O. F. Kernberg zu der Aussage gekommen, er fände keine männliche Homosexualität ohne ausgeprägte Charakterstörung (ebd., S. 51).

Neben den Vertretern der pathologisierenden Theorien gab und gibt es Stimmen, die zu einer anderen Betrachtungsweise auffordern. Morgenthaler kritisierte, dass, nach der Psychoanalyse, Homosexualität als Folge einer „irreversiblen Störung der psychischen Entwicklung" betrachtet werde und eine ungünstige Prognose habe (Morgenthaler, 2004, S. 96). Gemäß Morgenthaler wurde auch in der Psychoanalyse das Bedürfnis befriedigt, „das gesunde Heterosexuelle vom kranken Homosexuellen zu unterscheiden" (ebd., S. 96). Ziel therapeutischer Behandlungen war in der Regel die Transformation vom Homo- zum Heterosexuellen:

> *„Die zahlreichen Aspekte, die heute in der psychoanalytischen Wissenschaft über Homosexualität diskutiert werden, enthalten fast alle eine offene oder verdeckte Forderung, auch etwas durchgreifendes gegen dieses 'Übel' zu unternehmen"*
> *(Morgenthaler, 2004, S. 48)*

Aufgabe der Analyse sei es, Verdrängungen aufzuheben, die zu Symptomen führen, und nicht eine bestimmte Form des Liebeslebens beim homosexuellen Analysanden erzielen zu wollen (ebd, S. 49). Rauchfleisch kritisiert an der Psychoanalyse, dass sie Schwule und Lesben durch ihre sie gering schätzende Theoriebildung diskriminiere und sie auch in vielen Institutionen von der Ausbildung ausschließe (Wiesendanger, 2001, S. 52f).

Für Wiesendanger hat dieser Ausschluss zur Folge, dass schwule Psychoanalytiker nicht offen zu ihrer Orientierung stehen (können) und heterosexuelle Analytiker sich nicht mit ihnen auseinandersetzen. So könnten sich pathologisierende Theorien leichter durchsetzen und ein Kreislauf schließe sich (ebd., S. 53). Der Psychoanalytiker Kreische (Vorsitzender des psychoanalytischen „Lou Andreas-Salomé-Instituts" in Göttingen) betont, dass Diskriminierung und Pathologisierung von

Homosexualität nicht mehr „dem modernen wissenschaftlichen Verständnis der Psychoanalyse" entsprächen. Er nennt die Institutionalisierung der Psychoanalyse als Grund, dass es „bei den Schülern Freuds zu einer ideologischen Einengung der Freudschen Theorien und zu einer Festschreibung der Homosexualität als Pathologie" kam, welche „erst seit den Siebzigerjahren des vorigen Jahrhunderts und bis in die Gegenwart von einer konstruktiven Weiterentwicklung der Theorie abgelöst wurde". Als Grund für die „Irrwege in der Geschichte der Psychoanalyse" nennt er folgendes:

> *„Die Diskriminierung von Minderheiten ist meist das Ergebnis einer Angst vor Fremden, vor allem dem, was uns in uns selbst fremd ist und das wir deshalb auf andere Menschen projizieren"*
> *(Kreische, 2005, S. 120).*

Der Verhaltenstherapie (VT) beispielsweise kann man bis in die 50er Jahre schwer Diskriminierungen nachweisen, weil sie im deutschen Sprachraum faktisch nicht vertreten war, bzw. nur ihre lerntheoretischen Vorläufer. Mitte der 60er Jahre hingegen praktizierte die VT bei vielen Homosexuellen die so genannte Aversions-Therapie. Dabei sah sich der Klient bei einem Verfahren Bilder von attraktiven Männern an, sobald ein spezielles Mess-gerät eine Peniserektion anzeigte, erhielt der Klient einen unangenehmen Elektroschock am Arm (Wiesendanger, 2001, S. 55). Diese Therapie hatte oft zur Folge, dass die Behandelten jegliche Lust auf Sexualität verloren. Von den heute gängigen psychotherapeutischen Methoden war die Psychoanalyse zu diesem Zeitraum die am weitesten verbreitete Richtung, eine kritische Auseinandersetzung mit ihrer Vergangenheit ist somit eher möglich als bei anderen psychotherapeutischen Richtungen.

Wiesendanger kritisiert, dass man nahezu allen psychotherapeutischen Schulen vorwerfen könne, von einigen Protagonisten abgesehen, dass sie Schwulen und Lesben nur geringe Beachtung schenken. Ihm ist nur der Ansatz der prozessorientierten Psychologie bekannt, dessen Vertreter A. Mindell speziell Homophobie neben Rassismus als eines der zentralen Probleme im sozialen Umgang beschreibt. Danach ist nicht der gleichgeschlechtlich Empfindende oder der Mensch mit einer anderen Hautfarbe krank, sondern der Umgang mit der stigmatisierten Gruppe. In dieser Prozessarbeit erhalten die Diskriminierten in der Bewusstheit erlittener Diskriminierungen eine besondere Wertschätzung (Wiesendanger, 2001, S. 58). Den Stand der wissenschaftlichen Auseinandersetzung könne man so zusammenfassen, dass „eindeutig ein Trend zur Entpathologisierung von Homosexualität zu beobachten" ist, „allerdings gibt es nach wie vor Fachleute verschiedener Ausrichtungen, die in Lesben und Schwulen psychisch kranke Menschen sehen, die es zu heilen gilt" (ebd., S. 60).

5. Die Neubewertung von Homosexualität als normale sexuelle Orientierung und Entwicklung durch Fritz Morgenthaler

Zunächst wird in diesem Kapitel ein kurzer Einstieg ins Thema gegeben und zwei wesentliche Arbeiten von Morgenthaler für das Thema der Hausarbeit werden vorgestellt. Morgenthalers Sicht zur Entwicklung von Homosexualität wird in den Kapiteln 5.1. bis 5.4. paraphrasiert. In Kapitel 5.5. wird dieses Modell kritisch und distanziert diskutiert.

Morgenthaler verstand seine Arbeit als Grundlage einer neuen Sexualtheorie und als Erweiterung der Sexualtheorie von Freud („Drei Abhandlungen zur Sexualtheorie") (Parin, 2004, S. 199 ff.). Morgenthalers Mitarbeiter Parin schreibt, Freud habe

> *„die sexuelle Entwicklung der Kindheit entdeckt und die bisexuelle Anlage des Menschen erkannt. Von der Anerkennung der Homosexualität und anderer Formen der Sexualität als gleichwertige, gültige Möglichkeiten (...) hat nicht nur der Entdecker der Psychologie des Unbewussten, sondern haben auch die meisten Nachfolger Freuds halt gemacht"*
> *(Ebd., 1993, S. 204)*

Morgenthaler hat sich in seinen Analysen männlicher Homosexueller besonders mit den wechselseitigen Gefühlen zwischen Analytiker und Analysanden beschäftigt und darauf aufbauend sein Modell entwickelt. Nach diesem gibt es gleichermaßen eine normale Entwicklung zur Heterosexualität wie zur Homosexualität, bei der zuletzt genannten kommt der autoerotischen Triebentwicklung eine besondere Bedeutung zu. Kommt es zu neurotischen Störungen, so gilt in beiden Fällen, dass sie im Zusammenhang mit den Entwicklungsphasen zu verstehen sind (S. 201 f.).

„Psychoanalytische Technik bei der Behandlung neurotischer Homosexueller"

In diesem 1961/62 veröffentlichten Text reflektierte Morgenthaler u. a. über die Rolle und die Empfindungen des Psychoanalytikers bei einer Analyse Homosexueller. Demnach weiß ein selbst gründlich analysierter Analytiker:

Die „feindliche" öffentliche Meinung beeinflusse die psychoanalytische Arbeit mit Homosexuellen. „Nachdem weder Gesetz noch Strafe, weder Erziehung noch Glauben diesen Ausdruck ‚menschlicher Lasterhaftigkeit' wirksam entgegentreten konnten", habe nun die Psychoanalyse „den Kampf im Dienste der Gesellschaft" aufgenommen (ebd., S. 48). Der „Heilungswunsch" des Psychoanalytikers im Bezug zum Homosexuellen habe auch damit zu tun, dass der Analytiker sich „durch Reaktivierung eigener homosexueller Tendenzen bedroht" fühle (S. 49). Für Morgenthaler war es eine „eigenartige Tatsache", dass der Analytiker mit heterosexuell gefärbten Übertragungen „viel leichter fertig wird" (S. 49).

Morgenthaler setzt sich in diesem Text weiter mit der psychoanalytischen Theorie zur Homosexualität kritisch auseinander: „Bekanntlich leitete die Psychoanalyse die Entstehung der Homosexualität vom Ödipus-Komplex ab. Dabei hat sie aber nie zwischen neurotischer Homosexualität und einer nicht-neurotischen Entwicklung zur Homosexualität unterschieden" (S. 51). Während viele Aussagen der Psychoanalyse Homosexualität als psychopathologisch einstuften, entwarf er ein Modell, wonach es sowohl eine nicht-neurotische als auch eine neurotische Entwicklung zur Homosexualität gibt. Er erklärte hier, wie sich durch eine ödipale Problematik eine neurotische Homosexualität entwickeln kann, nämlich indem sich der neurotische Homosexuelle mit einer Bindung an seine Mutter identifiziert (S. 51). Darauf soll hier aber nicht näher eingegangen werden. Thema ist eher sein Modell, wie sich „unneurotische Homosexualität" im Gegensatz zur Heterosexualität entwickelt. Darauf geht Morgenthaler in diesem Text aber noch nicht ein. Er beschreibt hier hingegen näher seine Interpretation der Geschlechtsrolle Homosexueller, die in Kapitel 5.4. vorgestellt wird.

„Homosexualität"

Dies ist Morgenthalers bedeutendster Text zum Thema gleich-
geschlechtlicher Liebe. Die 1980 veröffentliche Arbeit schrieb er im
Auftrag von Volkmar Sigusch für einen Sammelband zur Therapie
sexueller Störungen. Eine vereinfachte Fassung des Textes wurde 1979 in
der „Neuen Zürcher Zeitung" und 1980 in der „Berliner Schwulenzeitung"
veröffentlicht, was laut Parin zu einem großen Echo in der
Schwulenbewegung und einer Diskussion zwischen dieser und
Morgenthaler führte (Parin, 2004, S. 197).

Morgenthaler entwickelte in diesem Text seine Theorie des
Zusammenhangs von Heterosexualität und dem Bedürfnis nach Identität
sowie von Homosexualität und dem Bedürfnis nach Autonomie. Er
formuliert die These einer prinzipiell möglichen nicht-neurotischen, nicht
pathologischen Entwicklung zur Homosexualität (ebd., S. 197). Die
Erfahrung der Menschen aller Kulturen zeige, „dass Homosexualität eine
der Möglichkeiten ist, wie sich normalerweise menschliches Sexualleben
ausformt" (Morgenthaler, 2004, S. 86). Er stellt seine These vor, wonach es
bei der Entwicklung zur Homosexualität drei typische Stationen gebe, an
denen die Weichen gestellt würden.

> *„Diese Stationen sind keine Engpässe in der Entwicklung, wo*
> *unüberbrückbare Konflikte Fixierungen hinterlassen, die im späteren Leben*
> *regressive Prozesse einleiten und zur Neurose führen"*
> *(ebd., S. 86)*

Vielmehr ging er davon aus, dass die Störfaktoren, die zu einer Schädigung
führen könnten, auf den nächsten Entwicklungsstufen soweit reduziert
werden, dass keine Schädigung erfolgt. Es handelt sich demnach bei den
Weichenstellungen um progressive Dispositionen, die eine Umorientierung
bewirken.

5.1. Zu den Vorgängen in der frühen Kindheit

Wenn das Kleinkind beginnt, sich mehr und mehr als selbständiges Wesen
zu begreifen, bildet sich die Selbstrepräsentanz, das innere Bild der eigenen
Person, heraus. Dabei entwickelt sich sowohl ein Bedürfnis nach Identität
(zu wissen, wer man ist) als auch nach Autonomie (selbständig entscheiden
und handeln können). Je nach Belastung kann entweder das Bedürfnis nach
Identität oder das nach Autonomie in den Vordergrund treten. Wenn ein

Kleinkind mit Leistungsansprüchen überfordert wird, wird sich sein Bedürfnis nach Identität stärker entwickeln, weil die Überforderungen bereits zu viel Selbständigkeit verlangen. Ist das Kleinkind hingegen einem stark kontrollierendem Einfluss ausgesetzt, steht sein Bedürfnis nach Autonomie im Vordergrund (Morgenthaler, 2004, S. 87). In dieser Phase spielt die Beziehung zum eigenen Körper eine wichtige Rolle. Bei der Identitätsentwicklung spielt die Körperbeherrschung, bei der Entwicklung der autonomen Funktion spielt die Entdeckung lustbetonter Körpergefühle eine besondere Rolle. Wenn das Kleinkind onaniert, experimentiert es damit, sich unabhängig von der Mutter Befriedigung zu schaffen, spätere autonome Funktionen des Ich werden vorausgeplant (ebd.).

Die erste Weichenstellung zur Homosexualität folgt durch die Betonung des Bedürfnisses nach Autonomie. Dieses Bedürfnis wird in der frühen Kindheit durch eine Überbesetzung autoerotischer Aktivitäten befriedigt.

> *„Diese Weichenstellung hat zur Folge, dass fortan Insuffizienz-erscheinungen im seelischen Gleichgewicht durch einen Autonomie-zuwachs im Selbstgefühl ausgeglichen werden“*
> *(S. 88)*

Dies kann nur so lange durch verstärkte autoerotische Aktivitäten erfolgen, wie sich die Regulation des seelischen Gleichgewichts durch ein diffuses, affektives Wohlbefinden steuern lässt. Im weiteren Verlauf der Entwicklung werden dann höhere, nicht sexuelle Stufen der Regulation erforderlich, die autonomen Funktionen ziehen ihre Quellen nicht mehr aus der Autoerotik. Bei der Entwicklung zur Homosexualität bleiben alle Aktivitäten innerhalb des sozialen Lebens von den autonomen Funktionen der Persönlichkeit abhängig. Bei Homosexuellen bleibt als Erbe dieser ersten Weichenstellung die enge Beziehung zwischen Autoerotik und Autonomiestreben dauerhaft erhalten. „Die Neugier richtet sich auf das, was man mit sich selbst oder mit anderen, die einem gleichen, erleben kann“ (S. 88).

Demgegenüber räumen Heterosexuelle in ihrem Selbstbild dem Identitätsbewusstsein und -gefühl Priorität ein.

> *„Sie orientieren sich nach polaren Gegensatzpaaren, um genau zu spüren und zu wissen, wer sie sind“*
> *(S. 89)*

Homosexuelle haben das Bedürfnis nach Identität auch, doch erst in zweiter Linie, ohne dass sie dadurch verunsichert werden. Heterosexuelle besetzen auch ihre Autonomie, doch nicht soweit, dass ihre Identität dadurch in Frage gestellt wird (S. 87 ff.). Heterosexuelle können sich gelassener in Abhängigkeit begeben, in dieser Hinsicht sind sie weniger konfliktanfällig (S. 88 f.).

„Die Vorgänge, die bei der ersten Weichenstellung eingeleitet werden, sind unbewusst, und werden mit der Ausbildung der Selbstrepräsentanzen in der frühen Kindheit integriert"
(S. 94)

5.2. Zu den Vorgängen in der Zeit des *ödipalen Konflikts*

Im Alter von drei bis fünf Jahren ist die Triebentwicklung des Kindes soweit fortgeschritten, dass es Liebeswünsche nach außen richtet. Außer der geliebten Person wird jede andere als störend empfunden, was zum ödipalen Konflikt führt. Das Liebes- und Sexualleben wird durch die darin gemachten Erfahrungen nachhaltig geprägt. Das Kind entwickelt seine erste Liebesbeziehung in der ödipalen Phase gewöhnlich gegenüber einer der beiden Elternfiguren. In der Regel ist es für den Knaben die Mutter, für das Mädchen der Vater. Dies würde sich auch nicht ändern, wenn die Eltern homosexuell wären, „weil die Eltern eigentlich nie direkt sexuell, sondern immer zielgehemmt reagieren" (S. 89). Auf dem Höhepunkt des ödipalen Konflikts entdeckt das Kind durch die Sexualneugier die Merkmale und Unterschiede der Geschlechter. Diese werden im Zusammenhang mit erotischen Gefühlen gegenüber dem ödipalen Liebespartner gebracht. Die Art der Verknüpfung der Geschlechtsrollen und der biologischen Geschlechtsmerkmale bestimmt später im Erwachsenenalter die Sexualorganisation der Frau und des Mannes.

Bei der Entwicklung zur Heterosexualität werden die Geschlechtsrollen und die biologischen Geschlechtsmerkmale als etwas Zusammengehöriges erlebt. Diese Übereinstimmung fördert „die Vorstellung eines polaren Gegensatzes zwischen Mann und Frau und stärkt die eigene sexuelle Identität, die in der Struktur der Selbstrepräsentanzen Heterosexueller an erster Stelle steht" (S. 90).

Bei der Entwicklung zur Homosexualität folgen die Liebeswünsche der vorgebildeten Tendenz, das Interesse auf die eigene Person oder andere, die ihr ähnlich sind, zu richten. Der Knabe liebt die Mutter und erlebt sie als

Person, die ihm gleicht. Das Fremde wird beim Knaben in der störenden Vaterfigur erlebt. Die Angst, diesem Rivalen zu unterliegen, stellt beim Kind die Kastrationsangst dar. Mit der Entdeckung der Geschlechtsmerkmale entdeckt der Knabe, dass der gefürchtete Vater ihm diesbezüglich gleicht und dieser kommt dann als autoerotischer Partner in Betracht. Beim Knaben lässt dadurch das Interesse an der Mutter nach, weil sie jetzt das Andere und Fremde darstellt.

> *„Dabei geht es nicht darum, dass das gegengeschlechtliche Liebesobjekt durch das homosexuelle ersetzt wird. Der Schwerpunkt liegt vielmehr auf der Entdeckung, dass die Elternfiguren zwei sich widersprechende Rollen verkörpern. Sie haben ein doppeltes Gesicht"*
> (S. 91)

Durch die Entdeckung der verschiedenen Geschlechtsmerkmale verliert der Inzestwunsch seine Inhalte und der ödipale Konflikt enddramatisiert sich.

> *„Damit geht der Ödipuskomplex beim Homosexuellen unter (...) Homosexuelle identifizieren sich in erster Linie mit dieser Doppelgesichtigkeit der ödipalen elterlichen Figuren und entwickeln in ihrem zukünftigen Liebesleben selbst das typische Doppelgesicht, das sie in der ‚Gesellschaft der polaren Gegensätze' diskriminiert"*
> (S. 91)

Der Knabe erlebt somit zwei Erlebnisweisen. Zum einen führt die ödipale Reaktion zu Inzestwunsch, Rivalität und Kastrationsangst, wodurch das Kind in eine passiv-unterwürfige Haltung gedrängt wird. Nachdem das Kind dann die Anziehung des gleichgeschlechtlichen Elternteils, der zuvor noch gefürchtet war, erkannt hat, führt dies zu einer Stärkung des Selbstwertgefühls und zu einer Steigerung sexueller Aktivitäten. Das Kind erlebt beide Verhaltensweisen: Sich passiv abwartend und sich aktiv suchend zu verhalten. Beide Tendenzen liegen später auch im Partnerschaftsverhalten bereit und wechseln sich immer wieder aus (S. 91 f.). Die Umorientierung auf dem Höhepunkt der ödipalen Phase „stützt sich auf die bewusste Wahrnehmung und Verarbeitung der subjektiv erlebten Diskrepanz zwischen Geschlechtsrollen und Geschlechtsmerkmalen" (S. 94). Diese Bewusstseinsprozesse verfallen mit Einsetzen der Latenz und der Verdrängung (S. 94).

5.3. Zu den Vorgängen in der Adoleszenz und im Erwachsenenalter

Die Sexualität des Homosexuellen steht in einem Widerspruch zu den Normen der Gesellschaft.

> *„Die größten Belastungen, denen Homosexuelle ausgesetzt sind, gehen von der Gesellschaft aus"*
> *(S. 93)*

Der Homosexuelle setzt sich mit dieser Situation in seinem ‚Coming out' auseinander, dieses „stellt einen Bewusstseinsprozess dar, in dem sich der Homosexuelle als solcher erkennt und zu erkennen gibt" (S. 93). Die eigene Geschlechtsrolle zu definieren und auszubilden stellt für den Homosexuellen die dritte Weichenstellung dar.

Wenn diese Weichenstellung gelingt, geht es darum, das Liebesleben frei von gesellschaftlich vorgezeichneten Mustern zu gestalten, auch wenn sie in anderen Belangen diesen Mustern folgen.

> *„Die homosexuelle Liebesfähigkeit ist eben dadurch charakterisiert, dass Vorstellungen über Männlichkeit und Weiblichkeit, über Aktivität und Passivität fließend ineinander übergehen und scharf gezeichnete Gegensätze mit ihr unvereinbar sind"*
> *(S. 93 f.).*

> *„In der Adoleszenz taucht das Verdrängte unter dem Druck der Sexualtriebe in der homosexuellen Objektwahl wieder auf (...) Erst in der dritten Weichenstellung wird die Homosexualität in das Bewusstsein integriert. Es kommt zu einer Trennung zwischen den Bedingungen der gesellschaftlichen Anpassung und den Bedingungen, die das Liebesleben erfordert*
> *(S. 94)*

5.4. Zur Geschlechtsrolle von Homosexuellen und zu ihrem Liebesleben

In der geltenden „Gesellschaftsmoral" sind die biologischen Geschlechtsmerkmale mit bestimmten Geschlechtsrollen identisch. Zu favorisieren sei hingegen eine Moral, wo diese Beziehung „fakultativ und locker" ist (Morgenthaler, 2004, S. 120). Die Geschlechtsrolle Homosexueller ist durch das „typische Doppelgesicht" definiert, von „auswechselbaren Verhaltens- und Erlebnismustern bestimmt". Das Bild ist vergleichbar mit einem „Januskopf", „von dessen zwei Gesichtern immer nur das eine sichtbar ist" (ebd., S. 55).

Bei der Partnersuche wurden „aktive und passive Tendenzen, männliche und weibliche Züge in jedem Homosexuellen nachgewiesen".

„Man erkannte, dass der Homosexuelle in seiner Beziehung zum gleichen Partner, ja in der gleichen Stunde seines Zusammenseins mit ihm die eine oder andere Haltung einnehmen kann"
(S. 52)

Die Neigung, „sich passiv abwartend und zur Unterwerfung verfügbar zu zeigen" und auch „sich aktiv suchend und erobernd einzustellen", sind „Tendenzen, die normalerweise bei beiden Partnern bereitliegen und in der Beziehung immer wieder ausgewechselt werden" (S. 92).

Das Andere sucht der Homosexuelle in Eigenschaften seines Partners, die er selber gerade nicht einnimmt, auf die er aber in spielerischer Weise zurückgreifen kann, wie es der Partner auch tut (S. 55).

In der homosexuellen Lebenspraxis und auch schon bei der Partnerwahl ist es so, dass der eine Partner „die eine oder andere Erlebnisweise der beiden ödipalen Dispositionen reaktiviert" (S. 92). Fühlen sich die Partner gegenseitig bestätigt, so entspricht dies der Entdeckung anziehender Merkmale beim anderen (S. 92). Wenn in der frühen Kindheit der Autonomiezuwachs durch Onanie erfolgte, so wird in der erwachsenen Objektbeziehung der Autonomiezuwachs in den Dienst einer echten Liebesbeziehung gestellt (S. 89 f.).

Eine Störung der Liebesfähigkeit kann vorliegen, wenn „an sich gesunde Homosexuelle" Schwierigkeiten mit „gesellschaftlichen Zwängen" haben und dadurch das „alternierende Rollenverhalten im Sexualverhalten" beeinträchtigt wird (S. 132). Folgen davon können sein, dass sie sich nicht mehr eingehend auf einen Partner einlassen und in der Anonymität sexuelle Befriedigung suchen oder sie flüchten in bestimmte Familien-konstruktionen, z.B. dass der homosexuelle Mann bei seiner Mutter lebt. In Bezug auf die Partnerwahl liegt eine neurotische Objektwahl dann vor, „wenn im Partner befremdende Züge, im Vergleich zum Bild der eigenen Person, anziehend erscheinen" (S. 110).

5.5. Kritische Einschätzung des Modells von Morgenthaler

Fritz Morgenthaler stellte in seinen Überlegungen dar, wie sich Homosexualität gleichwertig und nicht pathologisch gegenüber Heterosexualität entwickelt. Er unternahm damit einen Perspektivenwechsel: Während lange Zeit der Homosexuelle selber als pathologisch galt, gingen nach Morgenthaler die „größten Belastungen" (S. 130) für Homosexuelle von der Gesellschaft aus. Diese würden z.B. in militärischen Organisationen, in Schulbetrieben oder Vereinen „verleugnet, ausgemerzt, verboten oder (...) unterdrückt" (S. 130). Man fühlt sich bei dieser Auffassung an den Titel des Films „Nicht der Homosexuelle ist pervers, sondern die Situation, in der er lebt" aus dem Jahr 1971 des Regisseurs Rosa von Praunheim erinnert. Sowohl bei Morgenthaler als auch in dem Filmtitel hört man als Ziel heraus, dass einerseits Homosexuelle ihre Außenseiterposition überwinden sollten und andererseits die Gesellschaft eine tolerantere Einstellung entwickeln sollte.

Ein anderes Bild entwickelte Morgenthaler auch zur Onanie. Während diese Mitte des 19. Jahrhunderts noch als „sexuelle Abweichung" eingestuft wurde und auch Freud vor einer Verharmlosung warnte, spielen autoerotische Befriedigungen nach Morgenthaler „bei allen Menschen während des ganzen Lebens eine große Rolle" (S. 105), da sie „Störungen in der narzisstischen Homöostase ausgleichen" können. Beim Kleinkind stellt es eine Art Training dar, „sich unabhängig von anderen, also meist unabhängig von der Mutter, selbständig und ohne äußere Hilfe Befriedigung zu verschaffen" (S. 105).

Morgenthaler setzt sich kritisch mit der Rolle der Analytiker auseinander, welche sich durchaus von homosexuellen Analysanden bedroht fühlen können. Er bringt damit zum Ausdruck, dass Homosexuelle in einer solchen Situation keineswegs von einer neutralen, unvoreingenommenen Haltung ihres Gegenübers ausgehen können sollten.

Zur Entwicklungstheorie bei Homosexualität muss man fragen, ob ein kleinkindlichen Bedürfnis nach Autonomie bzw. nach Identität wirklich nachweisbar für die Entwicklung der sexuellen Orientierung entscheidend ist. Ist es wirklich so, dass eine Überbesetzung von Autonomie Homosexualität zur Folge hat? Eltern oder andere Erziehungsberechtigte wüssten nach diesem Modell scheinbar, wie sie Einfluss auf die sexuelle Orientierung ihrer Kinder nehmen könnten. Man bräuchte die Theorie nur etwas weiterdenken: Wer beispielweiße wollte, dass sich sein Sohn schwul entwickelt, müsste ihn also als Kleinkind stark kontrollieren, so dass sich ein Bedürfnis nach Autonomie mit einer Überbesetzung autoerotischer Aktivitäten entwickeln würde. Das klingt ein bisschen simpel und es ist zu fragen, ob Morgenthaler es so verstanden haben wollte.

Es ist auch kritisch zu hinterfragen, warum gemäß dem Modell die Körperbeherrschung für die Identität und die Entdeckung der körpereigenen Gefühle für die Autonomie eine wesentliche Rolle spielen. Warum ist diese Annahme so und nicht umgekehrt? Man könnte sich auch vorstellen, dass je ausgeprägter die Körperbeherrschung funktioniert, desto größer das autonome Repertoire ist.

Oder auch, dass Selbstempfindung und Identität in einem engen Verhältnis zueinander stehen. In Morgenthalers Theorie ist auch nicht definiert, welche psychischen Phänomene der Autonomie und welche der Identität zugeordnet sind. Man hat den Eindruck, dass die Trennung von Autonomie und Identität etwas willkürlich vorgenommen wurde. Es wird zwar erläutert, wie beide Begriffe definiert werden, aber es ist nicht mit Beispielen verdeutlicht, welches kindliche Verhalten jeweils welchem Begriff zugeschrieben wird. Auch der Begriff der Autoerotik ist nicht eindeutig belegt. Mal wird er als Begriff für Selbstbefriedigung verwendet, mal steht er für ein Bedürfnis nach Erotik mit Personen, die einem gleichen. Zu bemerken ist ebenfalls, dass Morgenthaler den Begriff Identität in erster Linie mit der geschlechtlichen Rolle gleichsetzt und nicht darauf eingeht, dass zur Identitätsbildung auch Faktoren wie Herkunft, Bildung, Körper usw. gehören.

Bei den Darstellungen Morgenthalers zur Entwicklung der Homosexualität handelt es sich um eine Theorie oder ein Modell. Es gibt keine empirischen Belege für seine Erkenntnisse. Morgenthaler hat aus Erzählungen von Patienten etwas konstruiert und daraus seine Theorie entwickelt bzw. bestehende Theorien ausgebaut; Kleinkinder hat er vermutlich nicht beobachtet. Auch wenn die Ausführungen in sich logisch klingen - er liefert keine Nachweise und bemüht sich auch nicht darum, dass sein Modell ein Abbild der Wirklichkeit darstellt. An einer Stelle bringt er selber Zweifel an seinem Entwicklungsmodell zum Ausdruck:

„Es lassen sich (...) Stationen abgrenzen, die eine Entwicklung zur Homosexualität ermöglichen"
(S. 101)

Demnach versteht Morgenthaler es selbst nicht als zwingend, dass man sich auch innerhalb der Annahmen seiner Theorie in jedem Fall homosexuell entwickelt.

In Bezug auf die Geschlechtsrolle ist zu fragen, in wie weit die postulierte doppelgesichtige Geschlechtsrolle auf Akzeptanz stößt. Vorstellbar ist auch, dass viele Homosexuelle sich mit einer eingesichtigen Geschlechtsrolle identifizieren. Morgenthaler liefert keine Belege, inwieweit seine Annahme über die Doppelgesichtigkeit der Geschlechtsrolle im Alltag zutreffend ist oder auf Zustimmung stößt.

Es heißt bei Morgenthaler zunächst, dass der Homosexuelle als Erbe der ersten Weichenstellung durch die enge Beziehung zur Autoerotik einen Partner suche, der ihm gleiche.

Demnach könnte man annehmen, dass der eher männliche Homosexuelle einen eher maskulinen Partner sucht und der eher feminine einen ebensolchen. Nach den Beschreibungen zur Partnerschaftsstruktur hat man hingegen den Eindruck, dass der Homosexuelle ebenso wie der Heterosexuelle den polaren Gegensatz sucht, nur eben innerhalb der Homosexualität. Hier besteht ein Widerspruch in der Theorie.

Es ist bei Morgenthalers Modell oft unklar, mit welchem Inhalt verwendete Begriffe gefüllt sind. Es bleibt offen, wie die verwendeten Gegensätze ‚aktiv' und ‚passiv' zu verstehen sind. Es scheint so, als sei damit eine getroffene Zuordnung nur auf Verhalten beim Geschlechtsakt gemeint. Es ließe sich an konkreten Beispielen sicher auch kontrovers diskutieren, welches Verhalten den Begriffen ‚weiblich' oder ‚männlich' zuzuordnen wäre.

Die von Morgenthaler unterstellten Übereinstimmungen zwischen Geschlechtsrollen und Geschlechtsmerkmalen sind in der Gegenwart doch erheblich in Bewegung gekommen. Das verwendete Geschlechterbild erscheint zu starr und es ist zu fragen, ob es auch zu Morgenthalers Lebzeiten noch aktuell war. Man kann dem entgegenstellen, dass Männer und Frauen sich sowohl aktiv als auch passiv verhalten. Man könnte darüber diskutieren, ob die den Homosexuellen zugeschriebene Doppelgesichtigkeit nicht vielmehr auch für Heterosexuelle eine Tendenz der neueren Zeit ist. Die sich verändernden Geschlechterrollen und auch ökonomisch eingeforderten Flexibilisierungserscheinungen könnten als Erklärungsversuche dafür diskutiert werden.

Dass die empfundene oder zugeschriebene Geschlechtsrolle Homosexueller ein wichtiges Thema ist, belegt u. a. die Tatsache, dass sie im Laufe der Zeit immer wieder neu beschrieben wurde. Mal scheint sie eher weiblich, mal eher männlich, mal ein drittes Geschlecht oder eben doppelgesichtig zu sein.

Eine ausführlichere Auseinandersetzung damit wäre ein spannendes Thema für weitere Arbeiten.

Es wäre interessant zu wissen, in wie weit sich andere Psychoanalytiker oder Wissenschaftler mit Morgenthalers Thesen beschäftigt haben, ob diese untersucht oder fortentwickelt wurden. Der Verfasser dieser Arbeit vermutet, dass dies nicht im größeren Umfang der Fall ist, bei einer Internetrecherche hat er nichts gefunden. Aber auch dies wäre das Thema weiterer Forschungen und einer anderen wissenschaftlichen Arbeit.

6. Zur gegenwärtigen Debatte über die Identität von schwulen Männern

In diesem Kapitel wird die Debatte von Wissenschaftlern über „die Geschichte der Homosexualitäten und die schwule Identität an der Jahrtausendwende" aus dem gleichnamigen Buch aus dem Jahr 2000 in Verbindung zu Morgenthalers Aussagen gestellt. Es geht darum, welche von Morgenthaler vertretenen Auffassungen, Themen und Fragen heute noch aktuell sind und diskutiert werden, oder welche überholt sind und wo sich die Diskussion in eine andere Richtung entwickelt hat.

Zunächst soll es um die Begriffswahl gehen. Morgenthaler schreibt in seinen Texten von *homosexuellen* Männern. Es war damals nicht üblich, in seriösen Texten den Begriff *schwul* zu verwenden, dieser wurde erst im Laufe der Zeit auch im offiziellen Sprachgebrauch übernommen. In der o. g. Debatte fällt auf, dass die dort vertretenen Autoren unterschiedliche Begriffe für Homosexuelle benennen, die je nach gesellschaftlichen und geschichtlichen Zusammenhang zu variieren scheinen. Für Hergemöller sind *Urninge, Homophile, Homosexuelle* oder auch *Schwule* „historische Erscheinungsformen" einer „vielschichtigen Entwicklung" (Hergemöller, 2000, S. 39 f.). Hutter (ehem. wiss. Mitarbeiter der Universität Bremen) nennt seinen Beitrag zu der Debatte gar „Von der Sodomie zu Queer-Identitäten" (Hutter, 2000, S. 141 ff.). Einen weiteren Hinweis für sich ändernde oder variierende Begriffe liefert die September-Ausgabe 2005 des Berliner Magazins „Siegessäule", ab der im Untertitel das Wort *schwul/lesbisch* durch *queer* ersetzt wird. Gleichzeitig sind im Magazin die Bezeichnungen schwul, gay und homosexuell präsent. Das Phänomen der wechselnden Begriffe fällt auf und es ist zu fragen, was die Gründe dafür sind, ob sich das Lebensumfeld Homosexueller oder deren Identität so grundlegend verändert, dass alle Jahrzehnte eine neue Bezeichnung zu verwenden ist.

Morgenthaler definiert die Identität homosexueller Männer vorrangig an ihrer Geschlechtsrolle. Mit der Geschlechtsrolle beschäftigt sich indirekt auch Hutter, obwohl er diesen Begriff nicht verwendet, wenn er schreibt, dass sich die vormals effeminierte Identität ab den 1970er Jahren zu einer maskulinen schwulen Identität verändert habe. „Die Partnerschaften werden mit gleichberechtigten und in etwa auch gleichaltrigen Partnern gelebt; die Rollen beim Geschlechtsakt sind austauschbar" (ebd., S. 166).

Eine anderes „Muster des homosexuellen Verhaltens" beschreibt er bis zum Beginn des 18. Jahrhunderts. Demnach waren in einer festen Rangordnung zwischen Klassen, Geschlechtern und Generationen homo- wie heterosexuelle Kontakte zwischen Hausherrn und Dienstpersonal unter Zwang oder mit Hilfe von Vergünstigungen durchaus üblich. Wenn es auch eine feste Rollenaufteilung gegeben habe, so hätten sich beide miteinander Verkehrenden als Männer verstanden (S. 143 ff).

Mit der von Morgenthaler so genannten Geschlechtsrolle beschäftigt sich Dannecker (Autor zahlreicher Veröffentlichungen) in dieser Debatte nicht. Er fragt vielmehr danach, was die scheinbar so verschiedenen Lebensstile der Homosexualität gemeinsam haben. Betrachte man verschiedene Lebensstile wie „Lederszene" oder „Technopartie" als kulturelle Phänomene, könne man sie nicht als zwei Seiten desselben Phänomens begreifen. Bringe man es aber mit dem Begehren nach einem gleichgeschlechtlichen Partner in Zusammenhang, so habe das Verschiedene doch eben diese Gemeinsamkeit. Schwule Ledertypen träfen sich mit schwulen Ledertypen, auch wenn es unter Heterosexuellen ebenso eine Lederszene gibt. Dannecker begreift Lebensstile als nichts festes, als einer Dynamik unterliegend. Aus dem Dauergast von Parks und Saunen könne zum anderen Zeitpunkt die Hälfte eines Pärchens aus der Vorstadt geworden sein und umgekehrt (Dannecker, 2000, S. 183 ff.).

Ein bedeutender Punkt in dieser Identitätsdebatte ist die Einschätzung von Diskriminierungen. Als einschneidende Veränderung gilt die Zeit zwischen 1969 und 1973, in die die Liberalisierungen des § 175 StGB fallen. Sigusch beschreibt diese Zeit so, dass männerliebende Männer zum ersten Mal die Chance hatten, ihre Eigenart „ohne Gefahr für Leib und Leben zu bekennen und zu einer gewissen Bewusstheit ihrer selbst zu gelangen konnten (Sigusch, 2000, S. 85). Dannecker schreibt rückblickend, dass „die Spannung zwischen der Negation der Homosexualität in der ‚normalen Welt' und der Akzentuierung der Homosexualität in der Subkultur" zur „Grundexistenz" zumindest der damals befragten Homosexuellen (vgl. Dannecker/Reiche: Der gewöhnliche Homosexuelle) gehörte (Dannecker, 2000, S. 179). Heute seien Homosexuelle „völlig anders in der Normalität positioniert" (ebd., S. 183).

„Nicht nur die Schwulen sind hipp. Schwulsein ist es nicht minder"
(S. 177)

Auf Bildern von schwulen Events sei auch noch „das alte Lied der Verfolgung" dargestellt, welches jedoch „merkwürdig unzeitgemäß" wirke (S. 177). Aber nur oberflächlich betrachtet könne man zu dem Eindruck gelangen, Homosexualität sei frei von den Stigmata wie Sünde, Verbrechen, Krankheit und Verfolgung. Das Coming out beginne auch gegenwärtig oft mit einer jahrelangen Flucht vor dem gleichgeschlechtlichen Verlangen und sei geprägt durch Scham und Angst (S. 191). Vielen „postmodernen Homosexualitätsforschern" sei die Frage nach den Gemeinsamkeiten der Homosexuellen aber „zutiefst suspekt". Dies könne den ersehnten Wunsch nach „Normalisierung" behindern (S. 186 f.). Als andere Seite der Normalität gebe es die Opfer antischwuler Gewalt, zu der es kommen könne, wenn sich die Homosexualität am falschen Ort artikuliere. Es sei ein Schein, dass die sexuelle Orientierung keinen Unterschied mehr mache, der an Orte wie Paraden, Discotheken und Kneipen gebunden sei. Im Bewusstsein und der Erfahrung von Diskriminierung hätten sich viele eine „flexible Umgangsweise" zugelegt, man entscheide nach Situation, ob man von seiner Homosexualität etwas zu erkennen gebe oder nicht (S. 187 ff.).

Veränderte gesellschaftliche Debatten, Strukturen oder gesetzliche Bestimmungen haben einen identitätsbildenden Einfluss. Dies ist u. a. an den Darstellungen Hutters erkennbar, wenn er bspw. schreibt, dass mit Beginn des 18. Jahrhunderts und der Überwindung des Feudalismus sich besonders in England und den Niederlanden städtische Kulturen entwickelten, die als Voraussetzung für das Entstehen von Subkulturen dienten (Hutter, 2000, S. 145 ff.).

In der Identitätsdebatte wird auch über schwulenpolitische Ziele und Strategien diskutiert. Hutter beschreibt, dass man sich ab 1970er offen zur schwulen Identität bekennen konnte und dass das westliche Konzept der Homosexualität global ausgerichtet war. Trotz interner Streitereien lautete das Ziel der Schwulenbewegung: ‚Coming-out-all-over', also raus aus der Außenseiterecke, um die Randsituation zu überwinden. Hutter unterstellt der „Schwulenbewegung alten Typus", sie habe „sehr rigorose Vorstellungen" über ein „richtiges schwules Leben" gehabt. Heute hingegen sei „Pluralität Trumpf" (Hutter, 2000, S. 169 ff.).

Was macht aber nun die gegenwärtige homosexuelle Identität aus? Nach der Entwicklungstheorie von Hutter kollidiert eine einheitliche schwule Identität mit den unterschiedlichen Lebenserfahrungen in Bezug auf Alter, Wohnsitzverhältnissen, Herkunft, Ausbildung. Dementsprechend stelle die neue *Queer Theory* die „Brüchigkeit und Vielgestaltigkeit sexueller und geschlechtlicher Identitäten in den Mittelpunkt". Die Konzeptionen von ‚männlich' und ‚schwul' gelten in dieser Theorie „als historisch gewachsene, normative Konstruktionen" (S. 170). Hutter entwickelt eine Typologie schwuler Identitäten, die „in der Denktradition der Queer Theory" steht, „da sie die Pluralität schwuler Identitäten unterstreicht und auf ihre soziale Bedingtheit verweist" (S. 171). Er skizziert sechs Typen, die hier nicht erklärt (S. 171 f.), aber zumindest erwähnt werden sollen: Der „Gliedschwule", der „Kopfschwule", der „Zehenspitzenschwule", der „Herzschwule", der „Verletzte" und schließlich auch der heterosexuelle Stricher (S. 170 f.).

Dannecker definiert homosexuelle Identität damit, „dass sich jemand das Recht einräumt, als Mann einen Mann zu lieben" (Dannecker, 2000, S. 194). Gerade in der schwierigen Phase des Coming out versuchten junge Schwule das zu realisieren, was der „postmoderne Homosexualitäts-diskurs" von ihnen verlange, nämlich keine homosexuelle Identität aufzubauen. Das Begehren widersetze sich einer Zerstreuung der sexuellen Orientierung, bei allen unterschiedlichen Präferenzen, Varianten oder Fetischen. Demnach bauen sich unterschiedliche homosexuelle Identitäten auf, die in der Verbindung mit der sexuellen Orientierung bleiben. Man könne eine homosexuelle Identität haben und zugleich, je nach dem, Lederfetischist sein, als Katholik frei von realen Erfahrungen sein, mit einem Geliebten monogam zusammenleben, schwache Berührungspunkte zur Subkultur haben, mit einer Frau verheiratet sein usw. Man würde sich als homosexuell begreifen, auch wenn man auf unterschiedliche Weise sein Leben führe. Folgendes kennzeichne bei allen Unterschieden den gegenwärtigen Homosexuellen:

> *„Nicht viel mehr als sein Begehren nach einem Mann und sein Wunsch nach gesellschaftlicher Anerkennung seines Begehrens sowie die mehr oder weniger bewussten Zweifel daran, ob das jemals der Fall sein wird"*
> *(Ebd., S. 195)*

Es wird deutlich, dass in der neueren Diskussion zur schwulen Identität, diese mehr differenziert wird, als es Morgenthaler zu diesem Punkt tut. Morgenthaler hat das Bild einer doppelgesichtigen Geschlechtsrolle Homosexueller skizziert, auf welches in der hier skizzierten Debatte nur indirekt eingegangen wird. Die unterschiedlichen Lebensformen Homosexueller waren damals wohl allgemein weniger von Interesse. Aktuell wird über eine Differenzierung oder Vielgestaltigkeit der Identitäten diskutiert, wobei das jeweilige Verhalten des schwulen Mannes im Wechselspiel mit der Gesellschaft Betrachtungsgegenstand zu sein scheint. Ob man am Ende der Debatte weiter von einer schwulen Identität (alternativ: schwulen Identitäten) oder von einer Queer-Identity sprechen wird, scheint offen zu sein. Vielleicht werden weiterhin auch mehrere Begriffe parallel verwendet. In den Debatten zur Einschätzung der gegenwärtigen Entwicklung der schwulen Identität stehen sich scheinbar zwei Erklärungskonzepte gegenüber. Das eine mit einem die Unterschiede und die Vielschichtigkeit betonenden Ansatz. Das andere mit einem Ansatz, der die Unterschiede kennt, die Gemeinsamkeiten aber ebenso betont.

Dass Homosexualität an sich pathologisch sein könnte, wird von keinem der hier verwendeten Autoren diskutiert. Die Lebensqualität schwuler Männer wird eher mit einem toleranten oder nicht toleranten Umfeld in Verbindung gesetzt. Homosexualität hat eine andere Akzeptanz als zu Zeiten Morgenthalers in der Gesellschaft erhalten, was sich in dieser Debatte widerspiegelt. Das Thema lautet nicht „pathologisch - ja oder nein". Vielmehr scheint es ein Diskurs um die Frage zu sein, ob Homosexuelle in ihrer Allgemeinheit als Position die „Normalität" anstreben sollten, ob diese gar schon erreicht ist oder ob ein selbstbestimmtes Leben immer eine Vision bleiben wird.

Resümee

Fritz Morgenthaler schrieb sein Modell zur Entwicklung von Homosexualität in einer Zeit, als Homosexualität in Deutschland Schritt für Schritt mehr gesellschaftliche Akzeptanz erfuhr und Homosexuelle sich vermehrt zugestanden, ihre sexuelle Orientierung selbstbewusster zu leben. Dieser Zeit des Klimawandels im vorigen Jahrhundert ging eine lange Epoche der Diskriminierungen voraus. Homosexualität galt als sündig, als pervers, als pathologische Störung und war unter Strafe gestellt. Eine Form von Heterosexismus, zu der Kirche, Wissenschaft, Staat, Psychoanalyse, Psychiatrie jeweils ihren unterschiedlichen Beitrag geleistet haben.

Nach Morgenthalers Modell ist Homosexualität eine nicht pathologische Entwicklung, die sich im Bezug zur Heterosexualität anders aber gleichwertig entwickelt. Nach Morgenthaler ist die Geschlechtsrolle des Homosexuellen in der Doppelgesichtigkeit des Januskopfs definiert, die aber durch die Gesellschaft diskriminiert wird. Insgesamt betont Morgenthaler die Bedeutung der die Homosexuellen diskriminierenden Gesellschaft, mit der diese sich auseinanderzusetzen haben, wenn sie eine positive Rolle in ihr finden wollen.

Mit seinem Modell leistete Morgenthaler einen Beitrag zur Neubewertung von Homosexualität im psychotherapeutischen und psychoanalytischen Diskurs. Für den Verfasser dieser Hausarbeit ist es schwierig einzuschätzen, in wie weit sich andere in entsprechenden Diskursen mit den inhaltlichen Thesen von Morgenthaler auseinandergesetzt haben. Anliegen dieser Arbeit war es, die Theorie von Morgenthaler zu verstehen und sie in einen geschichtlichen und gesellschaftlichen Kontext zu setzen. Es wäre das Thema einer anderen Arbeit, zu erörtern, welche Bedeutung seine Beiträge innerhalb des psychoanalytischen Diskurses gespielt haben und ob bzw. wie weit sie auf Akzeptanz gestoßen sind.

In Morgenthalers Modell wird ein enger Bezug zwischen dem kleinkindlichen Bedürfnis nach Autonomie und einer Entwicklung zur Homosexualität hergestellt. Neu daran ist, dass auch versucht wird, eine Entwicklung zur Heterosexualität zu erklären und dass ein Perspektivenwechsel vollzogen wird, wonach nicht Homosexualität pathologisch ist, sondern dass vielmehr die Gesellschaft diese pathologisiert hat.

Setzt man sich inhaltlich mit der Theorie auseinander, so wirkt vieles unvollendet. Manche sich dazu ergebende Fragen bleiben unbeantwortet, manche Begriffe sind nicht mit Inhalten gefüllt (vgl. 5.4.). Morgenthaler verwendet eher Postulate, Beweise liefert er kaum. Manche Gedanken von Morgenthaler hinterlassen ein Bedürfnis nach Fortführung des Diskurses, z.B. in Bezug auf die Geschlechtsrolle Homosexueller in der Gesellschaft und in einer Partnerschaft sowie die damit verbundenen Konflikte.

Zur Erklärung der Entwicklung der sexuellen Orientierung stehen sich verschiedene Theorien gegenüber. Es existieren eher genetische, eher psychologische oder auch Misch-Ansätze. Nicht zuletzt auch innerhalb der psychoanalytischen Theorie gibt es unterschiedliche Auffassungen darüber, wie Morgenthalers Kritik an der psychoanalytischen Theorie belegt. Es ist fraglich, ob die Entwicklung zur Homosexualität jemals wissenschaftlich geklärt sein wird. Manche Vertreter der Schwulenbewegung lehnen auch generell eine Auseinandersetzung damit ab. Sie kritisieren, dass die Frage nach der Entstehung von Homosexualität diskriminierend sei, weil man von Heterosexualität als selbstverständlichen Ausgangspunkt der Frage ausgehe. Sie befürchten, dass man auf die Idee kommen könnte, Homosexualität verhindern zu wollen. Es bleiben somit auch Zweifel, ob es überhaupt hilfreich ist, sich mit der Entstehung von Homosexualität zu beschäftigen.

Heutige Debatten beschäftigen sich weniger damit, ob Homosexualität pathologisch ist oder wie es sich entwickelt. In der skizzierten Debatte zur gegenwärtigen schwulen Identität besteht Konsens, dass Homosexuelle einen besseren Status erreicht haben. Kontrovers wird diskutiert, wie dieser Status sich genau darstellt, wie er zu interpretieren ist und welche Schlüsse daraus für die Zukunft zu ziehen sind.

Die Diskussion findet über Punkte statt wie Coming out, die Bedeutung schwuler Lebensstile, die Kriterien für die Definition der schwulen Geschlechtsrolle oder die Kriterien für die Suche nach richtigen schwulenpolitischen Strategien. Es wird debattiert, ob Kategorien wie ,schwul' und ,männlich' konstruiert seien und ob die Vielschichtigkeit der Menschen besonders zu betonen sei.

Homosexuelle führen heute ein selbstbestimmteres Leben und sind akzeptierter, als dies zu Lebzeiten Morgenthalers der Fall war. Morgenthalers Verdienst besteht in einem Perspektivwechsel bezüglich der Einordnung von Homosexualität im psychoanalytischen Diskurs. Allerdings stehen dem Wunsch manches Homosexuellen nach Normalität auch weiterhin ablehnende Stimmungen und damit einhergehende Diskriminierungen in der Gesellschaft und leider auch in der Psychotherapie gegenüber. Ein Ringen nach Anerkennung in der Bevölkerung und im persönlichen Umfeld wird für Homosexuelle nach dem Stand der Debatte auch weiterhin bedeutend sein.

Thesenpapier zur Seminargestaltung:

Seminar: „Ich ist ein Anderer": Wege psychodynamischen Verstehens,

Zu Fritz Morgenthalers Sicht auf männliche Homosexualität – ein Weg aus der psychoanalytischen Störungsperspektive

0. Vorwort des Referenten zur Erarbeitung des Referats

1. Unter **Perversionen** verstand man im 19. Jahrhundert in erster Linie Sadismus, Masochismus, Fetischismus und Homosexualität. Diese seien krankhafte Veranlagungen ohne Verbindung zum gesunden sexuellen Verhalten. Später verbreitete sich die These, dass die meisten Menschen die keimhafte Möglichkeit von perversem Verhalten in sich tragen.

2. In der **Geschichte von Psychiatrie, Wissenschaft und Psychoanalyse** findet man oft ambivalentes und diskriminierendes Verhalten gegenüber Homosexualität. Ziel einer „Behandlung" war häufig die Änderung der sexuellen Orientierung. Die Anfang des 20. Jahrhunderts vertretene These einiger Forscher, Homosexuelle seien eine Art drittes Geschlecht, setzte sich nicht durch.

3. Während Homosexualität oft als Störung eingestuft wurde und „geheilt" werden sollte, vermittelte Morgenthaler in der Psychoanalyse einen neuen Denkansatz. Danach ist **Homosexualität**, wie Heterosexualität, **eine normale sexuelle Orientierung**. Gemäß diesem Modell entwickelt Homosexualität sich typischerweise in der oralen, der ödipalen und der Adoleszensphase.

4. Ziele einer Therapie sexueller Störungen waren nach Morgenthaler u.a. eine freie Äußerung des Emotionellen und **dem „Sexuellen"** wieder **mehr Raum zu verschaffen**. Ziele galten unabhängig von der sexuellen Orientierung, also bspw. die Entstehung echter Liebesbeziehungen auch im Gewand von homo-, bisexuellen oder perversen Strukturen zu fördern. Morgenthaler verstand Analytiker und Analysanden als Partner, die beide nicht konfliktfrei sind.

5. In manchen **gegenwärtigen Diskursen** wird die Frage erörtert, ob man u.a. aufgrund aktueller Lebensstile von einem Verschwinden der sexuellen Orientierungen ausgehen kann. Gemäß Dannecker aber rückt das Begehren das Geschlecht in den Vordergrund. Den gegenwärtigen Homosexuellen kennzeichne das Begehren nach einem Mann und das Ziel der gesellschaftlichen Anerkennung

Literaturverzeichnis

Antidiskriminierungsstelle der Stadt Wien: Definition von Diskriminierungen, www.wien.gv.at/queerwien/disk.htm, (25.09.05);

Binswanger, Ralf: „Faire travailler Morgenthlaler", in: Werkblatt – Zeitschrift für Psychoanalyse und Gesellschaftskritik, http://werkblatt.at/morgenthaler; (11.07.2005);

Bochow, Michael: Einstellungen und Werthaltungen zu homosexuellen Männern in Ost- und Westdeutschland, S. 115 – 128. in: Lange, C. (Hg.): Aids – eine Forschungsbilanz, Berlin, 1993;

Dannecker, Martin: Der „gewöhnliche Homosexuelle" an der Schwelle zum neuen Jahrtausend, in: Wolfram Setz (Hg.): Die Geschichte der Homosexualitäten und die schwule Identität an der Jahrtausendwende, Berlin, 2000;

Dannecker, Martin / Reiche, Reimund: Der gewöhnliche Homosexuelle. Eine soziologische Untersuchung über männliche Homosexuelle in der Bundesrepublik, Originalausgabe, 2. Auflage, Frankfurt am Main, 1974;

Davis, Kenneth C.: Was dachte sich Gott, als er den Menschen erschuf? Aus dem Englischen von Michael Benthack: Don´t know much about the bible, Bergisch Gladbach, 2000;

Feddersen, Jan: Eine Mordmeldung. Fritz Morgenthaler – ein Schweizer Psychoanalytiker und Sexualforscher. Erkundungen zu seinem zwanzigsten Todestag, in: taz Magazin vom 19.3.2005, www.taz.de/pt/2005/03/19/a0016.nf/text; 17.06.2005);

Gebhard, Richard: C.G. Jung und der deutsche Faschismus, Hausarbeit an der RWTH Aachen, www.hausarbeiten.de/faecher/hausarbeit/pss/21488.htm, 1997;

Hekma, Gert: Der Marquis de Sade als Vorläufer der schwulen Bewegung, in: Wolfram Setz (Hg.): Die Geschichte der Homosexualitäten und die schwule Identität an der Jahrtausendwende, Berlin, 2000;

Hergemöller, Bernd-Ullrich: Von der „stummen Sünde" zum „Verschwinden der Homosexualität". Zuschreibungen und Identitäten, in: Wolfram Setz (Hg.): Die Geschichte der Homosexualitäten und die schwule Identität an der Jahrtausendwende, Berlin, 2000;

Hohagen, Fritz/Stieglitz, Rolf-Dieter/Bohus, Martin/Berger, Matthias:
Psychotherapie: Psychoanalytische und psychodynamisch orientierte
Verfahren, in: Mathias Berger (Hg.): Psychiatrie und Psychotherapie,
München, Jena, 2000;

Hutter, Jörg: Von der Sodomie zur Queer-Identitäten. Ein Beitrag zur
Geschichte der homosexuellen Identitätsentwicklung, in: Wolfram Setz
(Hg.): Die Geschichte der Homosexualitäten und die schwule Identität an
der Jahrtausendwende, Berlin, 2000;

Kölling, Andreas: Perversion und Sexualität oder die Anormalität des
Normalen – Zu Freuds „Drei Abhandlungen zur Sexualtheorie",
Seminararbeit im Fachbereich Psychologie an der HU Berlin,
www.Hausarbeiten.de, Archivnummer: K3087, 2000;

Kreische, Reinhard: Homosexualität: Angst vor Fremden, in: Deutsches
Ärzteblatt, S. 120; www.aerzteblatt.de/v4/archiv/artikel.asp?id=458723,
Ausgabe März 2005;

Morgenthaler, Fritz: Psychoanalytische Technik bei der Behandlung
neurotischer Homosexueller; Köln/Obladen 1961/62, in: Fritz
Morgenthaler: Homosexualität, Heterosexualität, Perversionen,
unveränderte Neuauflage der Ausgabe von 1994, Gießen, 2004;.

Morgenthaler, Fritz: Die unneurotische Entwicklung zur Homosexualität,
1979/ 1980 in: Fritz Morgenthaler: Homosexualität, Heterosexualität,
Perversionen, unveränderte Neuauflage der Ausgabe von 1994, Gießen
2004;

Morgenthaler, Fritz: Homosexualität, Stuttgart/New York, 1980; in: Fritz
Morgenthaler: Homosexualität, Heterosexualität, Perversionen,
unveränderte Neuauflage der Ausgabe von 1994, Gießen 2004;

Parin, Paul: Nachwort, in: Fritz Morgenthaler: Homosexualität,
Heterosexualität, Perversionen, unveränderte Neuauflage der Ausgabe von
1994, Gießen 2004.

Sigusch, Volkmar: Uranität als Existenzweise, in: Wolfram Setz (Hg.): Die
Geschichte der Homosexualitäten und die schwule Identität an der
Jahrtausendwende, Berlin, 2000;

Wiesendanger, Kurt: Schwule und Lesben in Psychotherapie, Seelsorge
und Beratung, Göttingen, 2001;

Wikipedia, die freie Enzyklopädie: Gleichberechtigung,
www.de.wikipedia.org/wiki/Gleichberechtigung, (25.09.05);

Wikipedia, die freie Enzyklopädie: Homosexualität,
www.de.wikipedia.org/wiki/Homosexualität, (25.09.05);

Wikipedia, die freie Enzyklopädie: Heterosexismus,
www.de.wikipedia.org/wiki/Heterosexismus, (25.09.05);

„Fußball und Männlichkeit" von Steven Oklitz

2007

1. Einleitung

Die Fußball-WM 2006 sorgte nicht nur in Deutschland für einen Boom. Weltweit rückte dieser Sport wieder für sechs Wochen in den Fokus der Weltöffentlichkeit und führte zu einem neuen internationalen Ansehen der Bundesrepublik. Die Deutschen präsentierten sich entgegen der Stereotype als freundlich, aufgeschlossen und ausgelassen. Ein Grund war sicherlich, dass sich auch immer mehr Frauen für diesen männlich konnotierten Sport interessieren. Doch woher kommt diese Verbindung zwischen Fußball und Männlichkeit? Wie wird diese Männlichkeit hergestellt, welche Rollen gibt es und wie reagiert der Fußball auf Andersartigkeit? Im Rahmen dieser Hausarbeit versuche ich einen Überblick über Fußball und Männlichkeit zu geben, sowie Antworten auf die gestellten Fragen zu liefern. Zuerst muss allerdings die Entstehung des Fußballs betrachtet werden.

1.1 Die Entstehung des Fußballs

England wird seit vielen Jahren als das *Mutterland des Fußballs* bezeichnet, was historisch betrachtet allerdings falsch ist. Quellen[1] besagen, dass schon im alten China vor 4000 Jahren Fußball gespielt wurde.

Im 19. Jahrhundert erlebte der Fußball einen großen Schub. 1846 stellten Studenten der Cambridge Universität erstmalig verbindliche Regeln auf und elf Jahre später gab es in England den ersten Fußballverein der Welt[2], den FC Sheffield. Sechs Jahre nach der Gründung des ersten Fußballklubs der Welt entstand in England der weltweit erste Fußballverband, die *Football Association (FA)* und verfasste das erste Regelwerk.

Gespielt wurde Fußball im 18. und 19. Jahrhundert in der Regel von Schüler der englischen Privatschulen, die in dieser Sportart Werte wie Teamfähigkeit, Durchsetzungsvermögen, den Gedanken des *Fair play* und Mut vermittelt bekamen.

---

1 http://www.deutschland-fussballfieber.de/geschichte.html (15.02.07)

2 http://www.sheffieldfc.com/the_club.htm (15.02.07)

1.2 Fußball im 20. Jahrhundert

Das 20. Jahrhundert ließ den Fußball zu einer populären Massenkultur werden. Die Zahl der Spieler und Vereine stieg stetig an und Fußball wurde von Jahr zu Jahr zu einem größeren Medienereignis.

Zu Beginn des Jahrhunderts erlebte der Fußball ein dunkles Kapitel, als die diktatorischen Führer wie Adolf Hitler, Benito Mussolini oder Francisco Franco diesen Sport für ihre Propaganda nutzten, Spiele manipulierten und durch die geführten Kriege dem Sport die Spieler entzogen.

1930 sah die Welt des Fußballs noch relativ freundlich aus. Nachdem Fußball vorher schon eine olympische Sportart war, wurde 1930 auch die erste Fußballweltmeisterschaft ausgerichtet. Zum ersten Spiel der WM-Geschichte zwischen Frankreich und Mexiko (4:1) kamen lediglich 500 Zuschauer ins Stadion[3]. Auch das Medieninteresse hielt sich in Grenzen.

1934 (in Italien) und 1938 (in Frankreich) fand die WM auf europäischem Boden statt und konnte steigende Besucherzahlen aufweisen. Mit dem Beginn des Zweiten Weltkrieges im Jahr 1939 geriet der Fußball als Freizeitsport in eine Krise. Statt Fußball zu spielen hatten die Männer in Europa und später weltweit ihren Dienst an der Waffe zu leisten und die zahlreichen - vornehmlich männlichen - Opfer des Krieges entzogen nicht nur dieser Sportart die Akteure. Fußball wurde vom Militär stärker als Ertüchtigungsmaßnahme und Schärfung der Disziplin und der Teamfähigkeit genutzt, jedoch war der Wettbewerbsfußball während des Krieges unmöglich.

Nach Ende des Krieges widmeten sich die Männer wieder dem Fußball und ab 1950 fand die WM regelmäßig alle vier Jahre statt.

Knapp zwanzig Jahre später, am 24.03.1973, präsentierte Eintracht Braunschweig im Spiel gegen Schalke 04 mit der Firma Jägermeister den ersten kommerziellen Trikotsponsor und kassierte dafür 100.000,- Mark[4]. Fußball wurde langsam von einer Sportart zu einem Geschäft der Unternehmer, Mäzenen und Patriarchen. Mit dem Bau von VIP-Logen erhielten die finanzkräftigeren Fans einen Sonderstatus innerhalb des Stadions und die Werbung entdeckte den Fußball immer mehr als Medium

---

3 http://www.am-ball-der-zeit.de/main/wms/Vorgeschichte/wm_1930 (14.02.07)

4 http://web.ard.de/special/helden1954/pages/2493.php?ch=4 (14.02.07)

für sich. Die Kommerzialisierung des Fußballs stieg kontinuierlich und erreichte anfangs des 21. Jahrhunderts seinen vorläufigen Höhepunkt.

1.3 Fußball im 21. Jahrhundert

Der Fußball im 21. Jahrhundert ist geprägt durch überfüllte Turniere, Vermarktung sämtlicher Rechte und endlosen Debatten über kostenpflichtige Übertragungen von Fußballspielen. Mittlerweile tragen 11 von 18 Stadien einen kommerziellen Namen (u.a. *AllianzArena*, *BayArena*, *AOL-Arena*) und der Schuh- bzw. Ausrüsterstreit der deutschen Nationalmannschaft zeigt einmal mehr, dass Fußball ein lohnendes Geschäft für die Industrie geworden ist. Ein außergewöhnliches Beispiel ist momentan aber der FC Chelsea, der seit knapp drei Jahren teilweise dreistellige Millionenverluste zeichnet, aber durch den Milliardär Roman Abramowich einen ausgeglichenen Haushalt hat. Im Gegensatz dazu ist der FC Barcelona der einzige Verein, der in seiner 108-jährigen Geschichte ohne kommerzielle Trikotwerbung auflief. Ein Novum in der heutigen Geldmaschine Fußball. Fußball ist im 21. Jahrhundert also ein Geschäft geworden und der Sport an sich rückt immer weiter in den Hintergrund. Spieler werden teilweise nicht mehr nur nach sportlichem Wert eingekauft, sondern danach, wo man sie gewinnbringend vermarkten könnte. Exemplarisch stehen hierfür David Beckham, der für Real Madrid sportlich kaum eine Verstärkung, marketingtechnisch jedoch ein brillanter Schachzug war. Auch der Chinese Jiayi Shao kam nicht nur aufgrund seiner technischen Fähigkeiten 2002 zum TSV 1860 München. Die Geschäftsleitung der *Löwen* sah in dem Spieler aus Fernost eine Möglichkeit auf dem asiatischen Markt Trikots abzusetzen und dort Geld zu verdienen.

2. Fußball und Männlichkeit

Punkt 2 der Hausarbeit widmet sich der Männlichkeit im Fußball. Hierbei wird untersucht, wie es zu der Herstellung kommt und wie der Fußball auch noch nach so langer Zeit eine weitestgehend maskuline Sportart sein kann. Anhand der Geschichte konnte schon gezeigt werden, dass die Frauen bei der Entwicklung und Verbreitung des (historischen) Fußballs keine Rolle spielten. Wie kommt es nun also dazu, dass dieser Sport auch weiterhin vielen Frauen verschlossen bleibt?

2.1 Herstellung und Aneignung von Männlichkeit

Seit sich Fußball immer mehr als ein regelhaftes Spiel mit einem Wettbewerbscharakter herauskristallisierte, ist dieses Spiel in den meisten Ländern eine vornehmlich männliche Sportart geworden.

Eine wichtige Rolle für die Dominanz des männlichen Geschlechts in dieser Sportart spielte das Militär als institutioneller Ort hegemonialer Männlichkeit, welcher seit seiner Erschaffung ausnahmslos Männern vorbehalten war, aber seit ein paar Jahren als traditionelle Männlichkeitsmaschine immer mehr abdankt und an Prägekraft verliert. Das britische Militär ließ seine Soldaten in den Kolonien regelmäßig Fußball spielen, um die Moral aufrecht zu erhalten und gleichzeitig die Disziplin zu fördern und den Körper zu ertüchtigen. Zudem verbreiteten die Briten den Sport in den besetzten Gebieten und veranstalteten Freundschaftsspiele gegen lokale Mannschaften. Kurz darauf wurde Fußball in den Schulplan aufgenommen, allerdings nur für Jungen, da Mädchen als zu schwach angesehen wurden, um diesen Sport auszuüben.

Dass das Militär den Fußball geprägt hat, ist auch daran zu erkennen, dass viele Begriffe in dieser Sportart aus dem Kriegsjargon entlehnt wurden:

Schießen, Kämpfen, tödlicher Pass, Leitwolf, vom Platz fegen, Todesstoß versetzen

Wie George Orwell 1949 schon sagte: „Fußball ist die Fortsetzung des Krieges mit anderen Mitteln"[5]. Dass er damit nicht Unrecht hat, beweist ein Blick in die Fankurven, die sich häufig *Brigade, Legion, Armada* oder

---

[5] Kreisky, Eva und Spitaler, Georg (Hg.): Arena der Männlichkeit: Über das Verhältnis von Fußball und Geschlecht, Campus Verlag, 2006 (S. 231)

Bastion nennen. Durch Symbole wie Fahnen, Schals, Gesänge und Trommeln grenzen sich die Anhänger eines Vereins vom Gegner bzw. Feind ab und symbolisieren Zusammengehörigkeit mit ihrer Mannschaft. Die Namensgebung der meisten Fangruppen (z.B. *Cannibals Aachen*[6], *Blue Army Berlin*[7], oder *Brigade Ultras Wolfsburg*[8]) stellen demonstrativ eine aggressive Haltung zur Schau, die dem Gegner Angst einjagen soll. Gewalt spielt auch im Fußball eine Rolle (wie gesehen beim Spiel Lok Leipzig - Erzgebirge Aue II oder FC Valencia - Inter Mailand) und wird nicht per se als deviant bezeichnet.

Das Thema Gewalt im Fußball ist nach der WM 2006 ein großes Problem geworden. Fast täglich gibt es neue Nachrichten über Ausschreitungen oder Übergriffe. Dabei ist auffällig, dass sich die gewalttätigen Auseinandersetzungen immer mehr in die kleineren Ligen verlagern, was damit zu begründen ist, dass die Polizeiaufgebote und Kontrollen in den oberen Spielklassen teilweise drastisch verschärft wurden. Negativer Höhepunkt waren die Ausschreitungen beim Spiel in der italienischen „Serie A" zwischen Catania und Palermo vom 02. Februar 2007 als es nach diesem sizilianischen Derby bürgerkriegsähnliche Auseinandersetzungen gab, bei denen über 100 Personen verletzt wurden und ein Polizist ums Leben kam.

Kurze Zeit später erreichte auch Deutschland eine Welle der Gewalt, als es beim Spiel Lok Leipzig - Erzgebirge Aue II zu einer regelrechten Hetzjagd auf Polizisten kam. Allerdings verlagert sich die Gewalt anscheinend auch auf den Fußballplatz. Die Prügelszenen nach dem Champions League-Spiel zwischen Valencia und Inter Mailand zeigten, dass auch aktive Sportler ein großes Gewaltpotenzial besitzen.

Auffällig bei diesen drei Beispielen ist, dass die Gewalt fast ausschließlich von Männern ausgeht. Es beteiligen sich auch Frauen an den Auseinandersetzungen, allerdings nicht in der Zahl und nicht mit der Passion wie es die Männer tun.

---

6 http://www.alemannia-cannibals.de/ (18.02.07)

7 http://www.blue-army.de/startseite.html (18.02.07)

8 http://www.brigade-ultras.com/ (18.02.07)

Das Problem der Gewalt liegt in der Gruppendynamik und der Zusammensetzung von Fußballfangruppen. Durch den stark männlich geprägten Habitus sehen es die Männer teilweise als ihre Pflicht sich an Ausschreitungen zu beteiligen. Der soziale Status spielt bei solchen Phänomenen auch eine Rolle, da es in der Regel Jugendliche und junge Männer, oftmals ohne Chancen auf dem Arbeitsmarkt und mit latent bis stark ausgeprägtem Nationalismusgedanken sind, die an solchen Auseinandersetzungen beteiligt sind, was allerdings kein rein deutsches Phänomen ist. Durch den Fußball können Länder mit stark nationalistischen Tendenzen neue Hierarchien entwickeln. Die Hemmschwelle zur Gewalt sinkt und die Abgrenzung gegen Andere (Ausländer, Homosexuelle) verstärkt sich. In Holland werden die Anhänger Ajax Amsterdams immer mit Zischgeräuschen bedacht[9]. Das geschieht in Erinnerung an die Gaskammern in Konzentrationslagern, da sich die Fans von Amsterdam mit den Juden verbündet haben und sich auch als Juden bezeichnen. Das gleiche Phänomen gibt es auch in England, wo Fans von Tottenham Hotspurs ebenfalls mit diesen Geräuschen begleitet werden[10]. In Deutschland gibt es zwar keine Fangruppe, die sich offen mit den Juden solidarisiert, jedoch bezeichnen gerade ostdeutsche Hooligan-Gruppen ihre Gegner oftmals so (bspw. Juden Berlin, Juden Dresden). In Italien verschärft es sich sogar soweit, dass in vielen Ultra-Kurven faschistische Symbole wie Hakenkreuze und SS-Runen zu sehen sind[11].

Mit dem Untergang der alten Industrie und der Entwicklung neuer Technologien ging das Bild des klassischen Arbeiters, der täglich im Bergwerk arbeitet und Alleinverdiener in der Familie ist, unter. Die Arbeitsmärkte fragten nach anderen Fähigkeiten, nach Fähigkeiten, die nicht mehr rein männlich waren und heute unter dem Anglizismus *soft skills* bekannt sind. Diese Veränderungen gelten als Prozess der *Entmännlichung* und *Krise der Männlichkeit*[12]. Diese Krise der Männlichkeit, welche ca. ab dem 18./19. Jahrhundert anfing, führte dazu,

---

9 http://www.judentum.net/europa/ajax.htm (31.03.07)

10 http://fluter.de/look/article.tpl?IdLanguage=5&IdPublication=2&NrArticle=4925&NrIssue=47&NrSection=67

11 Hollstein 1988: 25

12 Hollstein 1988: 25

dass sich die Männer andere Bereiche suchten, auf welchen sie der Entmännlichung entgegenwirken konnten - zum Beispiel beim Fußball.

Der Fußball stellt also ein Reservat männlicher Leidenschaft dar und prägt Werte wie Treue, Ehre und Kameradschaft. Der Erfolg des Fußballs bei Männern erklärt sich möglicherweise auch dadurch, dass er leistungs- und konkurrenzgerechte Emotionen erlaubt, was in patriarchalischen Ordnungen verboten ist.[13]

Die Verbindung von Männern, die Andersartigkeit (siehe Kapitel 3) in den eigenen Reihen kaum duldet, lässt sich anhand der Vergemeinschaftung von Spielern und Fans auf der Tribüne zeigen. Der sprichwörtliche *12.Mann* untermauert nicht nur die Männlichkeit im Fußball, sondern steht zudem für die unterstützende Wirkung der Fans auf die Spieler. Diese Wechselwirkung zwischen Fans und Mannschaft kann sich positiv auswirken, indem die Fans beispielsweise eine Mannschaft buchstäblich zum Sieg peitschen (Stichwort Militärjargon) oder die Mannschaft durch eine begeisternde Partie die Fans zum Kochen bringt. Allerdings kann die Interaktion zwischen Zuschauern und Akteuren auf dem Feld auch negativ wirken, wenn beispielsweise die Mannschaft so schlecht spielt, dass die Zuschauer pfeifen, mit Taschentüchern winken (Symbol für Verab-schiedung des Trainers) oder mit Gegenständen werfen.

Dass der Fußball eine Männerdomäne ist, zeigt sich nicht nur darin, dass nach wie vor mehr männliche Fans das Stadion aufsuchen, sondern vor allem darin, dass Männer generell ein hohes Interesse an diesem Sport haben, während Frauen, nicht erst seit der WM, nach wie vor oftmals nur die Länderspiele interessant finden.

Oftmals werden spätere Fußballfans schon im Kindesalter mit diesem Sport konfrontiert. Im Kindergarten spielen häufiger Jungs mit dem Ball und mit ca. 6 Jahren werden viele Jungen vom Vater oder Opa das erste Mal mit ins Stadion genommen. Eine Vereinsbindung, die oftmals den Rest des Lebens bestand hat, ist in diesem Alter nicht unüblich. Mädchen hingegen werden in der Regel nicht von einem Familienmitglied zum Stadion mitgenommen, sondern verbringen den Nachmittag dann meistens zu Hause mit der Mutter.

---

13 Connell 1999: 107

Die Anhänger der marginalisierten Männlichkeit bemühen sich eine Fassade der Männlichkeit aufrecht zu erhalten. Durch männliches Gehabe (z.B. rülpsen, an einen Baum urinieren), versuchen sie zu einer Gruppe dazuzugehören und erhoffen sich dadurch Privilegien. Auffällig ist, dass sich diese männlichen Gepflogenheiten ins Extreme bewegen (wie zum Beispiel bei physischer Gewalt gegen Andersartige) und oft in Form kollektiven Verhaltens betrieben werden.

Die Nicht-Zugehörigkeit zu einer Gruppe führt oftmals dazu, dass sich die Männer mit Gewalt die Durchsetzung ihrer Ziele ermöglichen, da ihnen der Rückhalt der Gruppe fehlt und sie keine anderen Mittel haben, um ihre Interessen durchzubringen.

Unabhängig von Gruppenzugehörigkeit fordern Männer in den jeweiligen Gästeblocks richtige Männer als Gegenpart. Dadurch wird eine Forderung nach Eindeutigkeit der Geschlechter und eine eindeutige Grenzlinie verlangt. Es verwundert daher nicht, dass gerade die männlichen *Ultras* die Feminisierung des Fußballs ablehnen und die Kommerzialisierung des Sportes verurteilen. Für sie ist Fußball nach wie vor eine männliche Sportart, deren Maskulinität sich mit Bier, Zigaretten, Bratwurst und „male-talk" verbindet[14].

Auch wenn die Fans auf der Gegenseite richtige Männer als Widerpart verlangen, so werden diese dann verweiblicht und als homosexuell bzw. schwach betitelt. Solche Beleidigungen würden keinen Sinn ergeben, wenn die Personen ohnehin weiblich oder homosexuell sind. Mit der Überhöhung der klassischen Männlichkeitsstereotype und der Diffamierung des Gegners als Homosexuellen lässt sich die Männlichkeit anhand zweier Linien konstruieren und bestätigen. Ein Plakat in einem Derby zwischen Real Madrid und dem Lokalrivalen Atletico Madrid verdeutlichte dies bildlich. Zu sehen war auf diesem Plakat ein Stier, der die Männlichkeit der Anhänger Atleticos verdeutlichen sollte. Dieser Stier vergewaltigte ein schwaches blondes Mädchen mit einem Trikot von Real und diffamierte die Anhänger des Vereins als weiblich und schwach.

Doch nicht nur die Fans sorgen dafür, dass der Fußball nach wie vor männlich dominiert ist. Auch die Medien tragen ihren Teil dazu bei, indem die meisten Fußballsendungen von Männern moderiert oder kommentiert

---

14 11 Freunde, Februar 2006:S. 43

werden. Zwar gibt es seit der Jahrtausendwende immer mehr Frauen in den Sendungen wie *Sportschau*, *Bundesliga Pur* oder *Sportstudio*, allerdings ist die klare Mehrzahl der Moderatoren nach wie vor männlich.

Exemplarisch hierfür ist die DSF-Fußballshow *Doppelpass*. Diese seriöse Talkshow lädt fast ausschließlich Männer zum Gespräch ein und zum Abschluss der Sendung kriegt jeder Gast ein Bier (Stichwort Bier, Bratwurst, „male-talk").

2.2 Rollenbilder

Anhand zweier Beispielpaare möchte ich die Rollenbilder im Fußball beweisen und erklären. Das erste Beispielpaar steht stellvertretend für die Rollenverteilung auf dem Spielfeld. Hierfür dienen der Engländer David Beckham und der Deutsche Torsten Frings als Beispiel. David Beckham ist seit seiner Zeit bei Manchester United und der Hochzeit mit dem Popstar Victoria eine Stilikone geworden, die dem Fußball einen großen Showfaktor eingebracht hat. Seine sportlichen Höhepunkte nahmen zwar von Jahr zu Jahr ab, aber die Art und Weise wie er sich in der weltweiten Öffentlichkeit verkaufte, brachte ihm immer mehr Geld ein. Bekannt ist Beckham zudem dafür, dass er gerne die Unterwäsche seiner Frau trägt und einer der ersten Menschen war, die sich als *metrosexuell* bezeichneten. Zudem fiel der Engländer mit den Jahren auch immer mehr durch seine wechselnden Frisuren auf. David Beckham ist also der Inbegriff des perfekt vermarkteten Sportstars. Jedoch mehrten sich in den vergangenen Jahren die Stimmen, dass er den Fokus auf den Sport etwas verloren hat, seit er zu Real Madrid gewechselt ist. Beckhams *Metrosexualität* spielte dabei eine Rolle, schließlich ist Fußball nach wie vor männlich konnotiert und Spieler, die offensichtlich weiblicher sind oder sich weiblicher geben, haben es auch im Fußball des 21.Jahrhunderts schwer sich zu behaupten. Beckham soll sich nicht nur bezüglich seiner Unterwäsche gern etwas feminin gekleidet haben[15], auch die Auswahl der Kabinenmusik als Kapitän der englischen Nationalmannschaft deutete daraufhin, dass Beckham die Männlichkeit im Fußball abhandengekommen war. Der Abwehrspieler Rio Ferdinand sagte einmal in einem Interview, dass die Spieler vor den Partien nie die notwendige Aggressivität aufbauen konnten, da Beckham immer

---

15 Kreisky, Eva und Spitaler, Georg (Hg): Arena der Männlichkeit: Über das Verhältnis von Fußball und Geschlecht, Campus Verlag, 2006 (S.120)

Soulmusik auflegte, um in Stimmung zu kommen[16]. Im Fußball gilt aber nach wie vor Rockmusik als männlich. David Beckham verkörpert also die Rolle des femininen Fußballers, der sehr viel Wert auf sein Aussehen legt und sich außerhalb des Fußballs sehr viel mit Mode beschäftigt. Zwar sind seine technischen Qualitäten nach wie vor außergewöhnlich, allerdings verkörpert er nicht mehr den männlichen Fußballer, mit dem sich die Fans identifizieren. Auffallend ist, dass vor allem weibliche Teenager Beckham mögen, die sich aber mehr für sein Aussehen als für seine fußballerischen Fähigkeiten interessieren.

Im Gegensatz zu David Beckham verkörpert der Deutsche Spieler Torsten Frings sehr wohl Männlichkeit. Zwar deuten Frings' lange Haare auch mehr auf Weiblichkeit als auf Männlichkeit, allerdings wirkt er mit seinen langen offenen Haaren rebellisch und kämpferisch, beides männliche Attribute. Zudem verkörpert Frings eher den instinktiven Fußballer, im Gegensatz zu Beckham, der seine Stärken in der Ballbehandlung hat, und technisch starke Spieler gelten seit jeher als feminin[17], da sie oftmals versuchen schön statt effektiv zu spielen. Frings' körperbetonter Stil und seine Position als defensiver Mittelfeldspieler wird auch als *Zerstörer* oder *Abräumer* bezeichnet. Frings hat im Gegensatz zu Beckham viele Fans, die ihn wegen seiner Spielweise schätzen. Zudem konzentriert sich Bremens Mittelfeldspieler auf seine Aufgaben auf dem Spielfeld und lebt weitestgehend abgeschottet von der Öffentlichkeit.

Frings und Beckham verkörpern nun also die beiden momentanen Männlichkeitsbilder, die im Fußball dominieren. Auf der einen Seite die technisch versierten Spieler, denen immer ein Hang zum Übertreiben nachgesagt wird, und die von den Fans oftmals auch angefeindet werden, da sie gegen die männlichen Verhaltensweisen verstoßen. Dazu gehören außer Beckham Spieler wie Christiano Ronaldo, Francesco Totti oder Ronaldinho. Im Gegensatz dazu stehen Spieler, deren Aufgabe es ist, das Spiel der gegnerischen Mannschaft zu *zerstören* und die meistens dafür sorgen sollen, dass der Spielmacher „ausgeschaltet" wird. Neben Frings gelten der Italiener Gattuso, der Brasilianer Emerson und der Däne Poulsen

---

16 http://www.laut.de/wortlaut/artists/b/beckam_victoria/biographie/index.htm (3.3.07)

17 Kreisky, Eva und Spitaler, Georg (Hg): Arena der Männlichkeit: Über das Verhältnis von Fußball und Geschlecht, Campus Verlag, 2006 (S.100)

als klassische Abräumer. In der Öffentlichkeit stehen sie meist nicht im Vordergrund, allerdings erfahren sie von den Fans mehr Wertschätzung, da sie für eine Mannschaft enorm wichtig sind. Eine Verbindung zwischen öffentlicher Aufmerksamkeit und der Sympathie besteht ebenfalls. Die Spieler wie Beckham und Christiano Ronaldo stehen oftmals im Mittelpunkt der Berichterstattung und werden auch von Frauen gemocht, da sie den femininen Fußballer typisieren. Spieler wie Frings und Gattuso haben oftmals männliche Fans, da diese ihr Augenmerk eher auf den fußballerischen Wert legen und in den Medien wird über diese Spieler kaum berichtet.

Doch nicht nur Fußballspieler bedienen diese Rollenmuster. Auch Fans unterscheiden sich untereinander. Generell kann zwischen drei Kategorien differenziert werden[18]:

- „Fans" (leidenschaftliche Anhänger, die sich total mit dem Verein identifizieren)
- „Anhänger" (traditionelle Matchbesucher mit latenter Vereinsbindung)
- „fußballorientierte Konsumenten (suchen sich lediglich interessante Begegnungen aus)

Seit der Jahrtausendwende nimmt der Unmut der Fans zu, dass Stadien zunehmend von fußballorientierten Konsumenten besucht werden, die über eine höhere Kaufkraft verfügen, allerdings nicht zur Stimmung beitragen. Die WM 2006 hat gezeigt, dass die Ticketpreise teilweise so teuer waren, dass es oftmals nur noch den Managern, den Geschäftsführern oder den Beamten gelang sich Karten für Spiele zu leisten. Die Vereine setzen in letzter Zeit auch immer mehr auf Familienbesuche, so hat Hertha BSC beispielsweise einen Bereich im Stadion eingerichtet, in welchem Familien zu vergünstigen Preisen ins Stadion kommen können[19]. Dieser Konflikt ist ein Konflikt der Männlichkeit. Das Stadion der Heimmannschaft wird oftmals als *Festung* angesehen, die der Gegner einnehmen muss. Heimmannschaft und vor allem Heimfans sollen dem *Feind*, der Gastmannschaft, im Stadion die *Hölle* heiß machen. Dazu brauchen die

---

18 Kreisky, Eva und Spitaler, Georg (Hg): Arena der Männlichkeit: Über das Verhältnis von Fußball und Geschlecht, Campus Verlag, 2006 (S.101)

19 http://www.herthabsc.de/index.php?id=11118 (22.03.07)

Heimteams aber fanatische Fans, wie es beispielsweise in England, der Türkei oder in Regionen Spaniens der Fall ist. In Deutschland setzt sich aber die Tendenz fort, dass Stadien keine *Festungen* oder gar *Höllen* mehr sind, sondern das Publikum erinnert an ein Theaterpublikum, dass bei Höhepunkten applaudiert und pfeift, den Rest der Vorstellung aber schweigend zur Kenntnis nimmt. Die ur-maskuline Fußballinszenierung schwindet also. Auch die Stadionneubauten, die vor der WM zu Arenen wie der *AllianzArena*, der *CommerzbankArena* oder dem neuen Leipziger *Zentralstadion* führten, verändern die Inszenierung. Früher gab es kaum Sitzplätze und die Arenen waren so unkomfortabel, dass Frauen und Familien kaum Lust hatten ins Stadion zu gehen. Die neuen Arenen bieten aber teilweise sogar Kindertagesstätten und Einkaufspassagen (wie in der *AllianzArena* in München[20]), so dass Familien nicht nur die Stunden während des Spiels im Stadion verbringen können, sondern oftmals sogar den ganzen Tag.

Die unterschiedlichen Rollen manifestieren sich auch in den zwei Zugangsweisen zum Fußball[21]. Auf der einen Seite gibt es die traditionell männliche Zugangsweise, die sich in Form von Taktikdebatten oder Diskussionen über Trainerentlassungen äußert. Diese Zugangsweise wird vornehmlich von Männern angewandt, aber auch immer mehr Frauen wählen diese Art des Zugangs und unterhalten sich interessiert über Taktik und Vereinsinterna statt über die neuesten Frisuren der Spieler. Die zweite Zugangsweise ist eine modern-weibliche. In digitalen Gästebüchern oder in Foren von Spieler- Websites werden die neuesten Gerüchte über den Spieler diskutiert. Beispielhaft hierfür ist der Dortmunder Nationalspieler Christoph Metzelder, dessen Beziehung zur Fernsehmoderatorin Annemarie Warnkross im Forum des Nationalspielers kontrovers diskutiert wurde. Es sind fast ausschließlich Frauen, die diese Zugangsweise wählen, da sie oft eher Interesse am Spieler, aber weniger am Verein bzw. am Sport haben.

---

20 http://www.allianz-arena.de/de/fakten/allgemeine-informationen/index.php (22.3.07)

21 Kreisky, Eva und Spitaler, Georg (Hg): Arena der Männlichkeit: Über das Verhältnis von Fußball und Geschlecht, Campus Verlag, 2006 (S.130)

2.3 Inszenierung von Fußball

Die Inszenierung des Fußballs lässt ebenfalls auf die männliche Dominanz schließen. Generell muss allerdings zwischen einer Inszenierung außerhalb des Spielfeldes und einer Inszenierung auf dem Spielfeld unterschieden werden, da es für Frauen außerhalb des Spielfeldes oftmals leichter ist sich in die Arena der Männlichkeit zurechtzufinden, als auf dem Platz. So sehr die Frauen auch die Stadien erobern, der Platz bleibt nach wie vor männlich. Oder doch nicht?

2.3.1 Außerhalb des Spielfeldes

Fußball wurde bisher immer als männliche Sportart inszeniert. Die Medien spielten und spielen dabei eine große Rolle. Die Printmedien und auch die Fernsehsender berichten vornehmlich über Männerfußball, obwohl die deutschen Frauen aktueller Weltmeister im Fußball sind. Die Vereine manifestieren die Männlichkeit im Fußball teilweise sogar selber. Der FC St. Pauli brachte vor ein paar Jahren Autogrammkarten heraus, auf denen die Spieler aussahen, als ob sie gerade vom Krieg kamen. Die verwundeten, zerkratzten und mit Wunden übersäten Spieler standen für den Kampf und den Einsatz, den die Spieler des Hamburger Clubs zeigen. Hätte eine Frauenmannschaft solche Autogrammkarten gedruckt, hätte dies wohl nur für Kopfschütteln gesorgt. Frauenteams sind eher dafür bekannt, dass sie sich leicht bekleidet für Kalender zeigen, um somit mehr männliche Zuschauer anzulocken. Paradoxerweise erreichen sie mit diesem Sexismus nur, dass sich Männer für die Frauen, aber nicht für den Frauenfußball interessieren. Somit ist es unwahrscheinlich, dass Männer sich langfristig an einen Frauenverein binden, da die Leidenschaft und die Hingabe fehlen.

Unabhängig davon ob beim Frauen- oder beim Männerfußball, lässt die zunehmende Kommerzialisierung des Fußballs eine Zweiklassengesellschaft entstehen. Die leidenschaftlichen Fans werden immer mehr durch Zuschauer ersetzt, die sich latent mit dem Verein verbunden fühlen, aber in erster Linie unterhalten werden wollen. Die Vereine mit ihren neuen Stadien tragen ihren Teil dazu bei. Sie erhöhen die Eintrittspreise und schließen damit immer mehr Fans aus. Fußballspiele werden auch immer mehr als ein Theaterschauspiel in zwei Aufzügen inszeniert. Früher ging es nur um den Sport bzw. das Spiel an sich. Heutzutage wird um jedes Spiel ein großer Rahmen gespannt, der den Fußball weitestgehend entmännlicht und den Fokus auch vom Spiel an sich ablenkt. Knapp 90 Minuten vor einem Spiel beginnt in einem Stadion das Programm, es werden Interviews auf den Leinwänden gezeigt, es wird Popmusik gespielt, Geburtstagsgrüße übermittelt und Gewinnspiele gemacht. Vor allem die Wahl der Musik spielt eine Rolle, da Fans oftmals über Rockmusik einen erhöhten Adrenalinspiegel kriegen, während bei Pop-Techno oder Schlagermusik kaum die Stimmung aufkommt, die im Stadion gewünscht wird. Allerdings setzen viele Vereine darauf, dass vornehmlich die Musik aus den Charts gespielt wird, damit sich die Familien angesprochen fühlen. Die Aufweichung der Fangruppen zugunsten der Familien äußert sich auch darin, dass die Stadien immer mehr Möglichkeiten bieten die Kinder während des Spiels an Betreuer abzugeben oder auch Einkaufsmöglichkeiten anbieten. Dies führte dazu, dass es in den letzten Jahren eine Zunahme an Familien, Frauen und Kindern in den Stadien gab. Die neue Inszenierung des Fußballs, die sich mehr an die finanziell besser gestellten Konsumenten, Familien und auch Frauen wendet, lässt darauf schließen, dass sich der Fußball neuen Märkten öffnen möchte. Dabei stehen die leidenschaftlichen Fans oftmals an zweiter Stelle. Der Fußball fängt also an sich zu verweiblichen.

2.3.2 Auf dem Spielfeld

Fußball ist eine Sportart, die seit Jahrhunderten Milliarden von Menschen faszinierte. Es ist beeindruckend, was passiert, wenn jemand einen Ball aufs Spielfeld legt. Es werden schnell Mannschaften gebildet und jeder Akteur weiß, dass dieser Ball nur mit dem Fuß gespielt werden darf und lediglich der Torwart dazu berechtigt ist, den Ball in einem abgegrenzten Bereich in die Hand zu nehmen. Jeder Spieler wird wissen, dass das Ziel dieses Spieles ist, so viele Tore wie möglich zu schießen und so wenig Tore wie möglich zu bekommen. Auf den Hinterhöfen und Spielplätzen gelten komplizierte Regeln wie Abseits oder Verwarnungen nicht. Diese verbindlichen Gesetze kommen erst im organisierten Wettkampfsport zur Geltung.

Die Begeisterung für das Spiel Fußball ist im Kindergarten sowohl bei Mädchen als auch bei Jungen vorhanden. Aus zahlreichen Beobachtungen von Kindern beim Fußballspielen auf diversen Höfen weiß ich, dass Mädchen zwar durchaus Interesse an dem Spiel haben, die Regeln aber oftmals so auslegen, wie es ihnen gerade recht ist, was allerdings nicht nur am Geschlecht, sondern auch an der kindlichen Phase liegen kann. Mädchen wissen, dass der Ball vornehmlich mit dem Fuß gespielt wird, nehmen aber in allen möglichen Situationen die Hand zur Hilfe, während Jungs im gleichen Alter schon wissen, dass lediglich der Torwart zur Nutzung der Hände befugt ist und dies auch umsetzen. Fußball ist in dieser Altersgruppe also kein ausschließlich männliches Spiel. Zudem verhalten sich Kinder in dem Alter nicht so abgrenzend wie Männer im späteren Alter, die Frauen Fußballwissen quasi von Geburt an absprechen. Erst mit dem Alter und der Prägung durch die Eltern oder durch die Peer-Groups, entwickelt sich eine Art Macho-Verhalten. Dies wird oftmals auch dadurch gefördert, dass Väter oft mit den Jungen zum Fußball gehen, während die Mütter ihre Töchter lieber beim Ballett oder in der Musikschule sehen. Allerdings ist die Zahl der Mädchen im Verein seit der WM im letzten Jahr deutlich gestiegen. Ob dies nur eine Euphoriephase nach dem *Sommermärchen* war, oder ein langanhaltender Trend ist, muss die Zeit zeigen.

Auf dem Platz setzt sich der männliche Einfluss fort. Die durchschnittlichen Maße eines Fußballfeldes (Breite 45m-90m, Länge 90m-120m) ist eher für Männer ausgelegt, die mehr Muskelmasse aufweisen als Frauen (ca.6%[22]) und deshalb schneller sind und eine größere Ausdauer aufweisen. Natürlich gibt es auch in diesem Fall Ausnahmen, aber der große Nachteil von Frauenfußball ist weiterhin, dass die Spiele im Vergleich zu den Begegnungen zwischen Männern oftmals langsamer sind. Beispielhaft hierfür steht das Testspiel der Frauen-Nationalmannschaft gegen die B-Jugend des VfB Stuttgart vor ein paar Jahren, als die Junioren der Schwaben mit 3:0 gewannen. Für Frauen und den Frauenfußball wäre ein kleineres Spielfeld vielleicht besser, da die Partie schneller und attraktiver gemacht werden würde.

Auch bei der Kleidung setzt sich die *Maskulinität* fort. Zwar sind Trikots für Frauenmannschaften etwas femininer geschnitten, allerdings so minimal, dass man erst auf den zweiten Blick Männer- von Frauentrikots unterscheiden kann. Zwar gilt bei Fußballkleidung in erster Linie Zweckmäßigkeit vor Eleganz oder Stil, aber im Vergleich zur anderen Sportarten und den darin üblichen Trikots fällt auf, dass Fußballtrikots

---

22 http://arbmed.klinikum.uni-muenchen.de/presse/frauen.pdf

überdurchschnittlich männlich geschnitten sind. Beispielsweise tragen Damen beim Beachvolleyball oftmals hautenge Kleidung, was bei den Temperaturen auch durchaus nachzuvollziehen ist. Allerdings stellt sich die Frage, warum bis heute keine Frauenmannschaft in eng geschnittenen Trikots aufläuft. Die italienische Bekleidungsfirma *Kappa* hat mit der Jahrtausendwende einen neuen Trend gesetzt und sehr eng geschnittene Trikots produziert. Werder Bremen trägt beispielsweise in Deutschland *Kappa* und die Trikots der Hanseaten könnten Vorreiter sein.

3. Andersartigkeit im Fußball

3.1. Fußball und Homosexuelle

Homosexualität und Fußball sind bisher kaum miteinander zu vereinbaren. Zwar ist die Gesellschaft im Umgang mit Homosexuellen moderner und offener geworden, allerdings hat sich nach wie vor kein aktiver Sportler geoutet, obwohl es mit Sicherheit einige schwule Fußballer gibt. Beim Frauenfußball, deren Spielerinnen generell ein Hang zur Homosexualität unterstellt wird, ist dieses Thema ebenfalls brisant, aber dennoch nicht so tabu wie beim Männerfußball. Hierfür gibt es viele stereotype Erklärungen, aber keine, die plausibel und frei von Vorurteilen ist.

3.1.1. Fußball und männliche Homosexuelle

In einer Gesellschaft, in der Homosexualität zwar weitestgehend akzeptiert, aber noch lange nicht respektiert ist, haben es Schwule im Fußball nicht leicht. Es ist sogar fast unmöglich sich als aktiver Spieler zu outen. Dass es schwule Fußballer gibt, davon gehen alle Sportler aus, allerdings hat sich bis 2010 erst ein Spieler dazu bekannt, der ehemalige englische Nationalspieler Justin Fashanu[23]. Nachdem er sich 1990 öffentlich outete, ging seine bis dato vielversprechende Karriere zu Ende und er wurde von seinem Klub entlassen. Später versuchte sich Fashanu in diversen Vereinen in Kanada und Großbritannien, doch das Medienecho, das er durch sein *Coming out* hervorbrachte, beschäftigte ihn so sehr, dass er sich im Sommer 1998 erhängte.

Für aktive Fußballer ist es also fast unmöglich sich während ihrer Karriere zu outen. Anders sieht es dagegen bei Präsidenten und Managern aus. Bekanntester Homosexueller in der Führungsetage eines Vereins ist der Präsident des FC St. Pauli, Corny Littmann. Es ist spekulativ zu behaupten, dass Littmann nur bei diesem Verein als Schwuler Präsident werden konnte. Der FC hat zwar den Ruf etwas eigenartig und anders zu sein, allerdings beweisen homosexuelle Politiker wie Guido Westerwelle und Ole von Beust, dass eine verantwortungsvolle Position und Homosexualität nicht konträr sind.

---

23 http://de.wikipedia.org/wiki/Justin_Fashanu (22.02.07)

Die Abneigung gegenüber homosexuellen Spielern kann durch ein Zitat von Frank Rost (Torhüter beim Hamburger SV) repräsentativ wiedergegeben werden, als er auf die Frage, ob es denn in der Bundesliga schwule Kicker gibt verneinte und zufügte:

„außerdem dusche ich immer mit dem Arsch zur Wand."[24]

Auffällig ist aber dennoch, dass Fußballer in bestimmten Situationen einen sehr emotionalen und fast zärtlichen Umgang miteinander haben. So küsste Frankreichs Abwehrchef Laurent Blanc vor jedem Anpfiff immer die Glatze des Torhüters Fabien Barthez bei der WM 1998, und nach einem Tor oder einem Sieg fallen die Spieler teilweise wild übereinander her und umarmen sich innig. Wie kann dies möglich sein, wo doch Homosexualität so verpönt ist? Der Sozialwissenschaftler und Sprecher des Bündnisses aktiver Fußballfans, Gerd Dembowski, meint hierzu:

„Männer dürfen sich berühren, gar umarmen oder übereinander herfallen."[25].

Homoerotik wird also im Fußball durchaus geduldet. Was auch daran liegt, dass die Spieler davon ausgehen, dass dieser intime Moment darauf basiert, dass gerade ein wichtiger Sieg errungen oder ein wichtiges Tor geschossen wurde. Die Spieler fallen ja nicht übereinander her, weil sie sich attraktiv finden, sondern die Freude über ein sportliches Ereignis sie vereint. Zudem setzen sie voraus, dass dieser Moment bei keinem Spieler eine erotische Phantasie hervorruft. Es liegt sicherlich auch in der Jubelkultur, dass schwule Fußballer sich kaum outen werden, da die gemeinsamen Freudenszenen einen seltsamen Beigeschmack bekämen, wenn Fußballer wüssten, dass sie gerade mit einem schwulen Mann einen solch intimen Moment haben.

3.1.2. Fußball und weibliche Homosexuelle

Dass Frauenfußballerinnen generell unterstellt wird, dass sie lesbisch sind, liegt daran, dass sie in eine Männerdomäne eindringen und Menschen, die geschlechtsuntypische Dinge tun oftmals als homosexuell bezeichnet

---

24 Kreisky, Eva und Spitaler, Georg (Hg): Arena der Männlichkeit: Über das Verhältnis von Fußball und Geschlecht, Campus Verlag, 2006 (S.126)

25 http://cliffcosmos.blogsport.de/2006/12/03/fussball-und-homosexualitaet/

werden, so wie es von männlichen Ballett-Tänzern oder eben weiblichen Fußballerinnen bekannt ist. Die ehemalige Trainerin der Frauenfußballnationalmannschaft Theune-Meyer behauptete einst, dass ca. 20-30% der Frauenfußballerinnen homosexuell sind[26]. Zwar dringt auch aus der weiblichen Welt des aktiven Fußballs kaum eine Meldung über Homosexualität an die Öffentlichkeit, allerdings gab es 1996 erstmals eine brisante Geschichte als die damalige Spielführerin Voss ihre Beziehung zur Nationalmannschaftskameradin Grings nicht geheim halten konnte und sie daraufhin aus der Nationalmannschaft entlassen wurde[27]. Im Unterschied zum Fußball und männlichen Homosexuellen bilden die Frauen aber eine Art Gemeinschaft, in der sich sowohl hetero- als auch homosexuelle Spielerinnen gut aufgehoben fühlen. Frauen haben weniger Probleme mit Homophobie und während Männer sofort mit dem Finger auf einen Homosexuellen zeigen würden, helfen sich Frauen bei diesem Thema gegenseitig. Allerdings auch nur, wenn die Karriere nicht behindert wird. So beklagte Voss bei der Geschichte damals, dass sie keine Unterstützung erhalten hatte. Allerdings hätte jede Spielerin, die sich zur Homosexualität bekannt hätte, den Heimweg antreten können. Knapp elf Jahre später ist dieses Thema nach wie vor brisant, allerdings hat sich die Situation, gerade im Frauenfußball, etwas mehr entspannt.

3.2. Frauen und Fußball

Natürlich wäre der moderne Fußball heute nicht da, wo er ist, wenn es keine Frauen gäbe. Der Fußball verändert sich zunehmend und öffnet sich dem weiblichen Geschlecht. Für Frauen wird es immer normaler die Regeln des Spiels zu verstehen und auch die aktiven Frauen müssen sich immer weniger gegen Vorurteile wehren. Aber dennoch gilt: Fußball ist nach wie vor primär Männersache.

3.2.1. Frauenfußball

Die Denktradition, dass Männern Kontaktsportarten wie Fußball, Eishockey oder Football ausüben und Frauen ästhetische Sportarten wie Synchronschwimmen und Eiskunstlaufen betreiben sollten, ist auch heute

---

26 http://komma.info/phpBB2/viewtopic.php?p=18025&sid=b26a648f8016ff27983 ada966d34dab8&PHPSESSID=4d10c3d111ce3c311facda3745392d54

27 http://www.lespress.de/092003/texte092003/fussballWM.html (31.03.07)

noch in vielen Gesellschaften verankert. Dieses Selbstverständnis, dass Fußball männlich ist, zeigt sich auch daran, dass Männerfußball nie spezifiziert werden muss. In sämtlichen Sportzeitungen findet man immer einen großen Teil über den Fußball und einen kleinen Teil über den Frauenfußball. Diese Spezifizierung findet sich auch beim (Frauen-)Boxen oder beim (Frauen-)Basketball.

Pierre Bourdieu[28] meint, dass sich männlicher *Habitus* vor allem dort entfaltet, wo (frauenausschließende) Spiele des Wettbewerbs stattfinden. Und wettbewerbsorientierter Sport war schon immer zuerst männlich, was dadurch bewiesen wird, dass Frauen später zu olympischen Wettkämpfen zugelassen wurden und viele Sportarten erst später in den olympischen Wettkampf für Frauen geöffnet wurden.

Diese Abgrenzung gegenüber des weiblichen Geschlechts äußert sich im Fußball in Form von nationalem Chauvinismus, Rassismus, Sexismus (nur Männer urinieren nach dem Spiel hinter den Bus) und Homophobie. Der Zusammenschluss von Männern, beispielsweise zu Fangruppen, nährt Überlegenheitsideologien des männlichen Geschlechts und dient zur Konservierung von männlicher Vorherrschaft. Es gibt ganz wenige Frauen in den führenden Fanclubs der meisten Vereine (national und international), allerdings gründen immer mehr Frauen eigene Fanclubs als eine Art Gegenbewegung.

3.2.2 Fußball und Frauen

Die Besucherzahlen lassen darauf schließen, dass Frauen sich immer mehr für den Fußballsport interessieren. Das Interesse gilt auch zunehmend dem Spiel und nicht mehr nur den Spielern. Zwar urteilen Frauen im Stadion und vor dem Fernseher oft noch über Frisuren, allerdings sprechen sie auch immer häufiger auch über die richtige Taktik und die Einkaufspolitik des Vereins. Frauen scheinen also ihre Deko-Rolle abzulegen, die sie bisher hatten und ein wichtiger Faktor dabei ist auch, dass sie von der Politik und den Vereinen als gewalthemmend bezeichnet wurden und für die Industrie seit kurzem eine neue Zielgruppe sind.

---

28 Bourdieu, Pierre (1997): Zur Genese der Begriffe Habitus und Feld. Hamburg. S203

Frauen binden sich oftmals schon im Kindesalter an den Sport Fußball. Das sogenannte Tomboy-Phänomen[29] lässt sich durch ein Zitat von Anne Will beschreiben: „Ich war nie so eine Gummitwist-Braut"[30]. Frauen bzw. Mädchen spielen traditionell mit Puppen oder gehen Einkaufen, aber diese Stereotype treffen im Zeitalter der Emanzipation nicht mehr zu.

Im Gegenteil. Frauen können sich durch ihr Interesse für Fußball Freiräume genießen, die sie sonst kaum kriegen würden. Sie dürfen ungehindert pöbeln, beleidigen, und sich ohne Probleme typisch männlich benehmen. Sie dürfen sich auch an Auseinandersetzungen beteiligen, allerdings dürfen Frauen nicht aktiv mit eingebunden werden, wenn es zu einer Schlägerei kommt. Diese ist nach wie vor rein männlich.

Um allerdings voll akzeptiert zu werden, bedarf es eines enormen Fußballfachwissens. Unabhängig davon ob sie dies besitzen oder nicht, spielen Frauen oftmals mit dem Klischee der Sexualität, indem sie schon in ihrer Namensgebung für Fanclubs mit ihrem Geschlecht kokettieren und sich beispielsweise *TivoliTussen*[31] oder *Titten-Auswärts*[32] nennen. Damit setzen sie sich nicht nur ironisch mit sich selbst auseinander, sondern bieten auch erst mal keine Angriffsfläche für die Männer, da sie sich schon danach benannt haben, worauf sie primär sowieso reduziert werden. Schließlich gelten Frauen oftmals nur als Partnerin eines Spielers oder des Fans wenn sie im Stadion sind. Besuche im Rostocker Ostseestadion bestätigen aber die Meldungen, dass Frauen auch oftmals in Frauengruppen ins Stadion gehen und sich dann dort so verhalten, wie es die anwesenden Männer auch tun. Es findet also eine Annäherung zwischen Frauen und Fußball statt, die immer weiter voran schreitet.

---

29 Kreisky, Eva und Spitaler, Georg (Hg): Arena der Männlichkeit: Über das Verhältnis von Fußball und Geschlecht, Campus Verlag, 2006 (S.126)

30 11 Freunde, Mai 2004: 72

31 http://www.tivolitussen.de/ (23.02.07)

32 http://www.taz.de/pt/2006/06/17/a0239.1/text (23.02.07)

4. Zusammenfassung

Fußball und Männlichkeit wird meiner Meinung nach immer untrennbar miteinander verbunden sein. Was sich seit knapp 4000 Jahren als vornehmlich maskuline Sportart behauptet hat, wird sich auch weiterhin vornehmlich männlicher Beliebtheit erfreuen. Bei dem ganzen Phänomen, des Interesses von Frauen für Fußball und der Öffnung der Werbung bzw. des Sport für Frauen und Familien, muss immer beachtet werden, dass es hier in erster Linie nur um Kommerz geht. Die Werbeindustrie hat mit Frauen einen neuen Kunden entdeckt, der für die Firmen interessant geworden ist. Allerdings führt dies nicht dazu, dass Fußball als Männersportart abgelöst wird. Auch wenn sich immer mehr Frauen in Vereinen anmelden, so steigt auch die Zahl der Neuanmeldungen bei den Männervereinen.

Dass Männerfußball auch weiterhin keine Konkurrenz durch Frauen befürchten muss, zeigt sich auch daran, dass es weiterhin keine Überlegungen gibt die DFB-Pokalfinalspiele der Frauen und Männer an zwei verschiedenen Tagen stattfinden zu lassen. Stattdessen wird auch weiterhin das Frauenfinale direkt vor dem Männerfinale ausgetragen. Aber für Frauen geht es auch gar nicht um Konkurrenz, sondern um die Installierung der eigenständigen Marke *Frauenfußball*. Dies wird schwierig genug, da mit dem WM-Triumph 2003 kein langanhaltender Boom erzeugt wurde. Männerfußball hingegen braucht keine Boomphasen, um populär zu bleiben. Jedenfalls nicht in Deutschland. In den USA, Norwegen und in China sieht das anders aus. Dort ist Frauenfußball bekannter, beliebter und populärer als Männerfußball, was daran liegt, dass dort andere Sportarten (z.B. Football, Eishockey oder Schwimmen) Volksport Nummer 1 sind. Und auffällig ist, dass Fußball nur als beliebtester Sport innerhalb eines Landes vornehmlich männlich ist. Ist Fußball nur auf Platz 4 oder 5 der beliebtesten Sportarten, so üben oftmals Frauen diesen Sport aus. Hier verschieben sich die Männlichkeitsbilder, wie sie in Deutschland angewendet werden. Weltweit ist Fußball allerdings vornehmlich männlich und wird dies auch bleiben.

Die einzelnen Kapitel dieser Hausarbeit haben versucht die Männlichkeit im Fußball zu beweisen. Dass Frauen in dieser Sportart eine untergeordnete Rolle spielen, zeigt sich daran, dass sich die Probleme, wie Faschismus und Krawalle, vornehmlich in männlichen Ligen abspielen. Ausschreitungen beim Frauenfußball sind bisher nicht bekannt, ebenso wenig rechtsextreme Parolen in den Fankurven. Auch auf dem Platz gibt es Unterschiede, während Männer eher vom Konkurrenzdenken geprägt sind und wenig herzlich mit dem Gegner umgehen, sind Frauen etwas mitfühlender und gehen freundlicher miteinander um.

Die Medien tragen ebenfalls dazu bei, dass Männerfußball weiterhin dominiert, und installieren in den Werbungen weiterhin die klassischen männlichen Produkte wie Bier, Sportartikel und Autos vornehmlich mit bekannten Fußballern. Frauenfußballer sind in der Werbung kaum zu finden.

Die Andersartigkeit im Fußball ist ein großes Tabuthema. Sowohl im Männer- als auch im Frauenfußball. Dies liegt daran, dass der Sport so spezifisch nach Geschlecht getrennt wird, bei gemischten Sportarten wie Eistanz oder Ballett ist Homosexualität kaum ein Problem. Diese Homophobie wird nach wie vor ein Problem bleiben, auch wenn sich eine immer größere Vermischung der Fangruppen ergibt. Doch solange Homosexualität auf dem Platz weiterhin kritisch beäugt wird, werden Fans dieses Thema auch mit Vorsicht genießen.

Dass der Fußball aber Innovationen offen gegenüber steht, sieht man an der erhöhten Berichterstattung zum Thema Frauen und Fußball. Wie allerdings schon geschrieben, werden Frauen quasi nur als Konsumenten betrachtet, nicht als gleichgestellte Fans oder gar Aktive. Frauen werden wahrscheinlich in den nächsten Jahren häufiger im Stadion anzutreffen sein, allerdings ist es auch gut möglich, dass Frauen in den nächsten Jahren die nächste Männerdomäne zu erobern versuchen.

Die Bastion der Männlichkeit mag also zwar gestürmt werden, aber nur auf den Rängen der Stadien wird sich dies bemerkbar machen. Der Platz bleibt weiterhin männlich.

„Homosexualität im Profifußball" von Christian Brügel

2011

1. Einleitung

Ich habe mich für das Thema „Homosexualität im Profifußball" entschieden, weil der Profifußball als Synonym für den Leistungssport in Deutschland ein Spiegelbild der Gesellschaft darstellen kann. Im Gegensatz zur Politik, in der Homosexualität schon lange kein Tabuthema mehr ist, wofür der langjährige amtierende Bürgermeister von Berlin, Klaus Wowereit, ein gutes Beispiel bietet, gibt es in der Parallelwelt Fußball nur vereinzelt Profis, die den Mut haben, zu ihrer Sexualität zu stehen. Folgt man den gängigen Statistiken, so müsste sich jedoch auch dort zwischen 5 und 10% der Männer vom eigenen Geschlecht erotisch angezogen fühlen (Blaschke, 2008, S. 10). Im Laufe der Arbeit wird deutlich, welchen Einfluss der Profifußball auf die Gesellschaft hat und wieso dieser kein Hort der Diskriminierung sein darf.

In meiner Arbeit werden die möglichen Ursachen untersucht, die zu einem Versteckspiel der Leistungssportler führen, die Idole der Gesellschaft sind und doch die Konsequenzen eines Outings fürchten müssen. Ein passendes Beispiel ist der ehemalige Jugendauswahlspieler Marcus Urban, der in seinem Buch „Versteck Spieler" die Konflikte darlegt, die einen Menschen begleiten, der nicht zu seiner Sexualität stehen kann, will oder darf. Mit seiner Offenheit stellt er einen Einzelfall dar.

Auf die Frage des Magazins „SPIEGEL" an Frank Schneider, Direktor der Klinik für Psychiatrie, Psychotherapie und Psychosomatik des Universitätsklinikums Aachen, ob auch homosexuelle Sportler seine Dienste in Anspruch nehmen und inwieweit zunehmende psychische Krankheiten mit der Sexualität des Sportlers im Zusammenhang stehen, erwiderte er: „Natürlich, häufig sind es Fußballer. Aber die sind ja nicht wegen ihrer sexuellen Neigung psychisch krank. Der Umgang mit Homosexualität, bei manchen der Zwang, sie verheimlichen zu müssen, kann aber unter Umständen einer der Auslöser sein." (SPIEGEL, Nr.31, 01.08.2011, S. 114) Die Aussage deutet an, wie sehr Homosexualität zumindest im deutschen Profifußball verbreitet zu sein scheint und wie stark viele dieser Sportler unter dem Versteckspiel leiden. Was aber ist dann der Grund dafür, dass diese Sportler sich nicht öffentlich zu ihrer sexuellen Neigung bekennen und so die Last der Heimlichkeit von sich werfen? Ist es einfach der fehlende Mut, die erwartete Haltung der Teamkollegen oder erhöht sich gar im Folgenden der Druck einer

Öffentlichkeit auf sie, die zwar Toleranz fordert, aber diese Spieler trotzdem nicht als gleichberechtigten Mannschaftsteil auffasst? Diesen Fragen möchte ich in meiner Arbeit nachgehen.

Ein aktuelles Beispiel stellt der schwedische Profi Anton Hysén dar, Sohn des schwedischen Ausnahmefußballers und „Nationalhelden" Glenn Hysén. Als erster der über 600 männlichen schwedischen Profifußballer bekannte er sich Anfang 2011 in einem Interview mit der schwedischen Fußballzeitschrift „Offside" zu seiner Homosexualität und löste damit in der Öffentlichkeit gespaltene Reaktionen aus. Während die schwedische Presse, Sinnbild für Liberalität und Aufklärung, durchweg positiv auf das Outing reagierte, von einem „willkommenen und mutigen Schritt" („Göteborgs-Posten", zitiert in Taz, 10.03.2011) sprach und ihn gar, wie die Malmöer Tageszeitung „Sydsvenska Dagbladet", als Pionier betitelte, der großen Respekt für seinen Mut verdiene, wurde er von den Zuschauern angefeindet. Dies zeigt die Diskrepanz zwischen der öffentlichen Meinung, wie sie Zeitungen oder Intellektuelle wahrnehmen und verbreiten und der Ansicht der „hartgesottenen" Fußballfans, die sich oftmals in Fußballstadien durch homophobe Äußerungen bemerkbar machen.

Möglicherweise rühren die Hemmungen mancher Spieler sich zu outen daher, dass Fußball in großen Teilen der Gesellschaft immer noch als eine Art Kampfsport wahrgenommen wird, in dem nur „harte" Männer bestehen können; und die müssen natürlich Frauen begehren, so ein gängiges Bild in der Fankurve. Laut Leibfried und Erb (2011, S. 24), die sich in ihrem Buch „Das Schweigen der Männer" ausführlich diesem Thema widmen, ist Fußball jedoch eigentlich wie gemacht für Homosexuelle. Männer, die sich schwitzend um den Hals fallen und bei Zweikämpfen engen Körperkontakt haben, gemeinsam Niederlagen beweinen und einen Torerfolg mit engen Umarmungen feiern - Szenen, die wir bei nahezu jedem Fußballspiel zu sehen bekommen und die durchaus homoerotische Assoziationen wecken können. Was liegt da näher als zu vermuten, dass wenigsten innerhalb des „Mikrokosmus Profifußball" die Homosexualität kein Tabuthema ist und nur der Gang an die Öffentlichkeit nicht gewagt wird? Dass dies nicht so ist, belegen unter anderem die Erinnerungen des ehemaligen Profispielers Marcus Urban, auf die ich in meiner Ausarbeitung vertieft eingehen möchte. Wie wenig tolerant es im Fußballbusiness zeitweise zugeht, zeigt die Aussage des Präsidenten des kroatischen Fußballbundes Vlatko Markovic: „ Solange ich Präsident bin, wird kein Homosexueller in der

Nationalmannschaft spielen." (Leibfried und Erb, 2011, S. 11) Ein weiterer Fall für die offen ausgetragene Homophobie im Fußball ist der Fall des französischen Yoann Lemaire, der von seinem Verein FC Chooz aus der Vereinsgemeinschaft ausgeschlossen wurde, weil er sich outete und die Vereinsseite dies als nicht akzeptabel empfand. Welchen psychischen und physischen Leidensweg solche Spieler durchstehen müssen, gerade an dieser Fragestellung soll sich meine Bachelorarbeit wie an einem Faden immer wieder entlang hangeln.

Auch die Rolle der Medien soll kritisch hinterfragen werden. So ähnelt vor allem die Boulevardpresse einem Brandbeschleuniger, der alle erdenklichen Themen überzogen darstellt, fortwährend darauf bedacht, eine hohe Auflage zu erzielen. Erwähnenswert ist hierbei das autobiografische Buch des Nationalspielers Philipp Lahm „Der feine Unterschied", welches im September 2011 auf den Markt kam. Schon vor der Erscheinung hatte die BILD-Zeitung Auszüge gedruckt, bei denen der Verdacht aufkam, dass bewusst jeder erdenkliche Satz ausgewählt wurde, der auch nur im Ansatz ein Skandalpotential zu bieten schien, obwohl es davon, eigentlich, kaum welche gab. Den LeserInnen der Zeitung musste dies jedoch anders vorkommen und im Zusammenspiel mit dem prägnanten Begriff „Abrechnung" kam die übliche Hysteriewelle des Fußballgeschäfts ins Rollen, woraufhin sogar der Deutsche Fußball Bund (DFB) sich genötigt sah, eine Pressekonferenz zu diesem Thema zu geben. Zur gleichen Zeit musste Lahm zu einem Gespräch beim Bundestrainer antreten; obwohl, wie sich hinterher herausstellte, zu diesem Zeitpunkt kaum einer das Buch überhaupt gelesen hatte. Alleine die Macht der BILD-Zeitung hatte die höchsten Fußballfunktionäre Deutschlands zum Handeln bewogen.

Das Geschäft Fußball lebt auch, oder vielleicht sogar vor allem, von seinen Fans und deren Emotionen im Stadion. Unflätige Beleidigungen wie „Du Wichser", „Arschloch" oder „schwarzes Schwein" werden im Stadion zwar regelmäßig beobachtet, jedoch ist ein positiver Trend der Abnahme zu verzeichnen. Das konsequente Eingreifen der Vereine, oftmals im Zusammenspiel mit Fangruppen und Sozialarbeitern, zeigt Wirkung, auch weil rassistische Schmähgesänge gegen Fangruppierungen oder Spieler schnell mit empfindlichen Geldstrafen oder Stadionverboten geahndet werden. Auch der DFB ist hinsichtlich seiner Außendarstellung sehr bemüht zu verdeutlichen, dass solches Verhalten im Stadion nicht toleriert wird. Das wirft die Frage auf, wieso einerseits Verhaltensweisen wie

Beleidigungen oder rassistische Bemerkungen stark verfolgt und geahndet werden, auf der anderen Seite homophobe Beleidigungen oder Gesänge zwar in den Medien und von Verantwortlichen angesprochen aber nicht nachhaltig sanktioniert werden. Im Laufe der Arbeit werde ich auf Zitate von namhaften Funktionären eingehen, die mit Blick auf ihr Amt, vorsichtig ausgedrückt, eine gewisse Verwunderung hervorrufen. Sicherlich spielt auch dies für betroffene Spieler eine zu berücksichtigende Rolle, sind doch letzten Endes auch die hochbezahlten Fußballer Angestellte, die sich in manchen Situationen um ihren Job sorgen.

Im Folgenden möchte ich kurz auf die markantesten Schwerpunkte und die Struktur meiner Arbeit eingehen. Das Thema Homosexualität soll in verschiedenen Facetten dargestellt werden, besonders mit Bezug auf die Entwicklung, die es in der deutschen Gesellschaft genommen hat. Im Fokus steht dabei vor allen Dingen der männliche Fußballsport. Darauf aufbauend werde ich auf das Geschlecht als Konstrukt eingehen, mit besonderem Augenmerk auf die Gender-Forschung, da das vorgefertigte Geschlechterbild einen Einblick darauf geben könnte, weshalb Homosexualität im Fußball im Gegensatz zur Politik und anderen Bereichen der Gesellschaft immer noch ein Tabuthema ist. Auch wird das Erscheinungsbild „Stadion" genauso Beachtung finden wie das Verhalten der Fans untereinander und im Dialog mit den Spielern auf „dem Platz". Wie bereits erwähnt, sollen auch wichtige Meinungsmacher in Fußball und Medien, sogenannte Experten, nicht unberücksichtigt bleiben. Es kann vermutet werden, dass hier eine Ursache für die intolerante Haltung im Profifußball zu suchen ist. Die vielen Kampagnen, die sich dem Thema der Enttabuisierung von Homosexualität in der Fußballwelt verschrieben haben, oftmals unter Mithilfe des Deutschen Fußball Bundes, sind politische Versuche mit diesem Thema umzugehen und werden genauso kritisch beleuchtet zahlreiche andere Projekte, unter anderem die Etablierung von homosexuellen Fangruppen in Fußballstadien. Um ein Meinungsbild der Stimmungslage innerhalb dieser Fangruppierungen zu erhalten, führte ich ein Interview mit dem Pressesprecher der Rainbow-Borussen, eine jener Fangruppierungen, die in der höchsten deutschen Profifußballliga, der „Bundesliga", aktiv sind. Am Beispiel des Fußballers Marcus Urban möchte ich schließlich verdeutlichen unter welchen Druck die „betroffenen" Spieler stehen.

Die Bachelorarbeit schließt mit einem Fazit, in dem ich das Thema noch einmal reflektiere. Möglicherweise können zukünftige Entwicklungen erkannt und diese mit dem Anspruch verknüpft werden, Verbesserungen im Verhalten aller beteiligten Parteien aufzuzeigen. Diese können zu einer Enttabuisierung des Themenkomplexes Homosexualität im männlichen Profifußball beitragen.

2. Fußball – mehr als ein Spiel

Bevor das Thema „Homosexualität im Profifußball" erläutert wird, ist es wichtig zu verstehen, wieso Fußball in der Öffentlichkeit, bei den Fans oder auch den Medien solch einen hohen Stellenwert genießt. Fußballgegner[33] stellen sich manchmal die Frage, weshalb 22 Männer oder Frauen 90 Minuten lang einem Ball hinterherjagen und dabei ihren Emotionen und Gefühlen vor allen Zuschauern freien Lauf lassen.

Gröbner (2010, S. 1) erklärt, dass Fußball weltweit nach den gleichen Regeln gespielt wird und sich über diesen Sport schon ganze Nationen definiert haben. Tatsächlich sieht man Politiker, die über ihre Lieblingsmannschaften debattieren oder mit Fanschals im Stadion stehen. Der ehemalige Bundeskanzler Gerhard Schröder besucht regelmäßig die Spiele seines Lieblingsvereins Hannover 96. Doch besonders ist das Miteinander im Stadion hervorzuheben. Die Grenzen zwischen Arm und Reich treten während eines Spiels genauso in den Hintergrund wie persönliche Sorgen und Konflikte. Fußball schafft ein Zugehörigkeitsgefühl quer durch alle Milieus, was in diesem Ausmaß im deutschen Sport wohl einzigartig ist. Da die Regeln für die Fans leicht zu verstehen sind, ist es uninteressant welche kognitiven Fähigkeiten der Fan mitbringt. Ein großer Faktor ist die Spannung. Der Fan kann mit seiner Mannschaft mitfiebern und diese lautstark unterstützen. Da jedes Wochenende (außer in der Sommer- und Winterpause) die Lieblingsmannschaft „um den Sieg" spielt, wird ein festes Ritual für die Fans geschaffen. Die Welt- und Europameisterschaften schaffen es, dass ein signifikanter Anteil an der deutschen Bevölkerung hinter der deutschen Nationalmannschaft steht und sie unterstützt. In dieser Zeit werden selbst die Nichtfußballinteressierten des Öfteren zu Fans und Unterstützern der Mannschaft. Es kann deutlich gesagt werden, dass Fußball für die Öffentlichkeit mehr ist, als ein Spiel. Die „Sprache" des Fußballs versteht jeder, Arm und Reich oder Alt und Jung. Es scheint als ob der Fußball die Fans zusammenschweißt. Jedoch hat der Fußball auch negative Facetten. Homophobe Äußerungen beispielsweise sind in den Stadien oft zu hören, was die davon Spieler

---

33 Der Ausdruck bezieht sich nicht auf das biologische Geschlecht und ist als neutral zu verstehen. Demgegenüber verwende ich den Ausdruck „Profifußballer" sinngemäß generell in der männlichen Form.

abhält, sich zu outen. Im folgenden Kapitel wird beschrieben, wie der Fußball seinen ersten Schritt in die Moderne vollzogen hat.

2.1 Football Association

Wie Gröbner (2010, S. 2) darstellt, war die Gründung der Football Association (FA) in England 1863 die Geburtsstunde für den modernen Fußball. Als erste Organisation erschuf die FA ein einheitliches und verbindliches Regelwerk, an das sich die Mannschaften zu halten hatten. Sie schuf eine Liga, in der anschließend ein geregelter Spielbetrieb stattfinden konnte. Der FA Cup, der im selben Jahr initiiert wurde, wird unter demselben Namen auch heutzutage noch ausgespielt. Anhand dieser Informationen wird deutlich, dass der moderne Fußball in England entstanden ist. Das Besondere am Fußball war, dass das Spiel von jedem ausgeübt werden konnte. Eisenberg (2004, S. 7 f., zit. in Gröber, 2010, S. 2) betont die zu dieser Zeit stattfindende Metamorphose eines von Region zu Region nach unterschiedlichen Regeln ablaufenden „Kampfspiel[s]" zu einem organisierten Sport, der die Menschen begeisterte. 1870 wurde der Fußball auch im deutschen Reich populär und mehr und mehr zu einer Alternative des dort beliebten Turnens. Laut Müller (2009, S. 61) hatte der Fußball in England, wie übrigens später auch im Dritten Reich zur NS-Zeit, ebenfalls einen erzieherischen Hintergrund, nämlich Jugendlichen und Kindern ein *neues* Körperbewusstsein zu vermitteln, sie in einem Gruppengefüge zu stärken und Disziplin zu lehren. Diese Aspekte flossen auch in die Denkweise der deutschen Bevölkerung ein, wie das nächste Kapitel zeigt.

2.2 Entwicklung in Deutschland

Welchen politischen Stellenwert der Fußball in Deutschland genießt, wurde schon im Deutschen Reich deutlich. Fußball wurde gespielt und genutzt, um die Wehrhaftigkeit der deutschen Männer zu erhöhen. In diesen Zusammenhang passt der Satz aus einem Fußballlehrbuch des Jahres 1914: „Ein Fußballwettkampf hat Ähnlichkeit mit dem Krieg" (Heinrich, 2000, S. 37, zit. in Gröber, 2010, S. 10). Dem Militär kamen die Begleiterscheinungen des Fußballs, wie zum Beispiel die notwendige Disziplin einer Mannschaftssportart, körperliche Ertüchtigung und der besondere Mannschaftsgeist nicht gerade ungelegen, vor allem in Bezug auf die zunehmende politische Zuspitzung und Kriegslüsternheit in Europa, die letztlich in den Ersten Weltkrieg führte. In der NS-Zeit wurde der Fußball abermals für die Politik missbraucht. Denkbar sind hier Anknüpfungspunkte an die fortschreitende Isolation in und bewusste Separation von großen Teilen Europas und der Welt, was logischerweise zu einer starken emotionalen Bewertung der Nationalmannschaftsspiele führte - der Sieg als Synonym für die Überlegenheit des deutschen Volkes und die Niederlage als große Schmach. Einige Fußballausdrücke sind noch immer militärisch geprägt. Ein Spielzug, der an der Außenlinie entlang läuft, wird beispielsweise als „Flügelangriff" bezeichnet, ein Ball, der auf das gegnerische Tor gebracht wird, ist ein „Schuss", wobei ein fester Schuss, der für den Torwart kaum haltbar ist, gar als „Granate" gilt.

Adolf Hitler, so Brüggemeier (2006), interessierte sich nicht sonderlich für Fußball. Jedoch blieb auch ihm nicht verborgen, welche Perspektive und Möglichkeiten der Sport bot. Gingen vor dem ersten Krieg nur an die tausend Fans ins Stadion, so steigerte sich die Zahl der Fußballbegeisterten danach enorm. Neue Vereine gründeten sich und die Anzahl der Spieler und Mitglieder stieg rasant an. So besuchten das deutsche Länderspiel gegen Italien nach den Olympischen Spielen in Berlin fast 100.000 Fans. Durch die gut besuchte deutsche Meisterschaft wurden neue Gelder und Märkte geschaffen. Die Zeitungen interessierten sich für den Fußball, die populäre Sportzeitschrift Kicker entstand. Der DFB war bemüht am Amateursport festzuhalten und verbot in der Folge den Berufsfußball, was jedoch von vielen Vereinen nicht beachtet wurde. Sie boten den besten Spielern Gelder oder Materialwerte an, damit diese zu ihnen wechselten. Das steigernde Interesse machte auch vor den Kommunen nicht halt. So wurden neue Sportanlagen oder gar große Stadien gebaut. Fußball war in Deutschland eindeutig auf dem Vormarsch.

2.3 Fußball als Beruf

Wie im vorherigen Kapitel beschrieben, war es anfangs unerwünscht, dass sich der Fußball als Beruf durchsetzte. Der DFB mühte sich, den Wettkampf als Amateursport zu bewahren. Doch es entwickelte sich in Deutschland - und natürlich auch international - eine Eigendynamik, die diesem hehren Ziel entgegenwirkte. Durch den Bau neuer Stadien und der steigenden Zahl von Spielern und Zuschauern erwirtschafteten laut Eisenberg (2004) die Vereine kontinuierlich wachsende Überschüsse. Zu dieser Zeit entstanden auch die bekanntesten Stadien der Welt, wie etwa das Londoner Wembley Stadion. Da die Vereine in organisierten Ligen spielten, die nach ihrer spielerischen Stärke gegliedert wurden, wuchs die Belastung für die Spieler, die neben ihrem Hobby Fußball auch einen richtigen Beruf ausübten, stetig. Der Durchbruch des Berufsfußballs geschah in den meisten Ländern in den dreißiger Jahren. Dies hat laut Eisenberg (2004) verschiedene, teilweise globale Ursachen. Der südamerikanische Fußballverband führte den Berufsfußball ein, damit die Spieler in ihren Vereinen, beziehungsweise Land verweilten. Da England vierzig Jahre vorher den Berufsfußball einführte, war die englische Liga eine aus finanzieller Sicht interessantere Alternative zu den einheimischen Vereinen. Einen weiteren wichtigen Aspekt stellt die Weltwirtschaftskrise dar. Die aufkommende Arbeitslosigkeit zwang die Menschen, sich nach einer weiteren Einkommensmöglichkeit umzusehen und die guten Fußballer versuchten ihr Talent dahingehend zu nutzen, mit Fußballspielen ihren Lebensunterhalt zu verdienen. Die erstmals durchgeführte Weltmeisterschaft in Uruguay war der Beginn eines globalen Transfermarktes (Arbeitsmarkt für Fußballer) und steigerte den Bekanntheitsgrad der Spiele. Der Berufsfußball konnte in der Konsequenz mit seinen Verträgen und Gehältern eine vermehrte Emigration der Spieler verhindern.

Auch aus diesem Grund hat sich der Berufsfußball mittlerweile weltweit etabliert. Spitzenspieler schließen langjährige Verträge zu Konditionen ab, die meist deutlich über dem Pro-Kopf-Einkommen des jeweiligen Landes liegen. Freiberg (2009) nennt als Beispiel den portugiesischen Spitzenspieler Cristiano Ronaldo, der vom englischen Team Manchester United für eine Rekordsumme von vierundneunzig Millionen Euro zum spanischen Erstligisten Real Madrid wechselte. Für diese Summe unterschrieb dieser einen Vertrag für sechs Jahre. Kaka, ebenfalls Spieler von Real Madrid wechselte für 65 Millionen Euro den Verein. Diese beiden Beispiele sollen aufzeigen, welche Investitionen heutzutage in der Parallelwelt Fußballsport getätigt werden. Nur aufgrund einer wachsenden medialen Vermarktung der jeweiligen Vereine im Besonderen (Sponsoring) und des Produktes Fußball im Allgemeinen sind eben jene Vereine in der Lage solche Summen zu investieren - die klassischen Einnahmequellen, Zuschauereinnahmen und Merchandising, reichen dafür alleine nicht aus. Im Gegenzug verlangen die Vereine von den Spielern kontinuierlich Höchstleistungen, großen Einsatz und Engagement. In einer Allianz mit der allgegenwärtigen Medienpräsenz entsteht ein aus physischer und psychologischer Sicht gefährlich hoher Druck auf die Spieler. Jene, die ihre Homosexualität verstecken müssen sind diesem Druck oftmals in mehrfacher Hinsicht ausgesetzt und nicht gewachsen. Die Arbeit lässt diese Thematik nicht außer Acht.

3. Forschungslage zum Thema

Nach Tanja Walther-Ahrens (2011, S. 13) hat Sport in Europa eine große Bedeutung, was an der steigenden Zahl der Sportbegeisterten abzulesen ist. Der Sport dient als Freizeit- und auch als Wirtschaftsfaktor. Als „gewichtige und bedeutende gesellschaftliche Institutionen" (Walther-Ahrens, 2011, S.13) werden Vereine, Verbände und Organisationen bezeichnet. Somit hat der Sport eine wichtige Funktion in der Gesellschaft und Politik und sollte sich wichtigen und aktuellen Fragen und Problemen nicht verschließen. An diesem Punkt geschieht die Verknüpfung zum Profifußball in Deutschland. Laut Theo Zwanziger, Präsident des DFB, ist der Fußball mehr als eine Freizeitbeschäftigung in Deutschland (Walther – Ahrens, 2011, S.8). Mit über sechs Millionen Mitgliedern ist der DFB der größte Sportverband der Welt und eines der einflussreichsten Netzwerke in Deutschland. Dieser Einfluss könnte für ein tolerantes Miteinander und einen respektvollen Umgang genutzt werden. In diesem Zusammenhang ist der thematische Umgang mit dem Aspekt Homosexualität besonders zu nennen. Aufgrund des medialen Interesses sind in den letzten Jahren viele Artikel und Bücher zu diesem Thema erschienen. Zu nennen sind hier zum Beispiel das Buch von Blaschke „Versteck Spieler", das die Karriere des homosexuellen Spielers Marcus Urban sowie seine Gefühlswelt darstellt. Außerdem engagiert sich Tanja Walther-Ahrens, eine ehemalige Bundesligaspielerin, auf dem Gebiet der Toleranz gegenüber homosexuellen Spieler/innen. Eine häufig gestellte Frage an Interviewpartner ist stets, ob er oder sie einen homosexuellen männlichen Profifußballer in Deutschland kenne; so auch an Katrin Müller-Hohenstein, welche sich täglich mit Fußballern auseinander setzen muss (Moderatorin des aktuellen Sportstudios Im ZDF und Berichterstatterin der Männer-Weltmeisterschaft 2010, ebenfalls ZDF) und die Frage verneinte (Leibfried & Erb, 2011, S. 7). Augenscheinlich herrscht hier jedoch eine zu große Diskrepanz zu den statistischen Kennzahlen, welche nahelegen, dass es auch im Profifußball einen signifikanten Anteil von Homosexuellen geben muss. Daher rührt die fortwährende Befragung sogenannter Insider wie Frau Müller-Hohenstein durch die Medien, denen man am ehesten zutraut, das sprichwörtliche Insiderwissen zu besitzen. Zum Anreiz liefern die Medien selber Namen. Als Beispiel kann hier Philipp Lahm genannt werden. Auch Kommentare von Corny Littmann, Präsident von Hamburger Fußballvereins FC St. Pauli, dass es seiner Kenntnis nach Homosexuelle auch in der

Nationalmannschaft gebe (Leibfried, Erb, 2011, S. 12), steigern das mediale Interesse an dieser Thematik. Des Weiteren berichtet der ehemalige FIFA-Schiedsrichter John Blankenstein, der immer zu seiner Homosexualität stand, von schwulen Spielern in der holländischen Nationalmannschaft. Alles nur erfunden? Schließlich gibt es bisher keine Outings, die dies belegen. Die aktuelle Forschung sucht in Büchern wie von Tanja Walther-Ahrens oder Leibried und Erb nach den Gründen, die einen Spieler von einem Outing abhalten. In meiner Arbeit werden die möglichen Ursachen differenziert darlegt.

Weitere Bücher, die den Fußball, Homosexualität und das Geschlecht als Debattierungsansatz vereinen sind z.B. „Ernste Spiele. Zur politischen Soziologie des Fußballs" von Gabrielle Klein und Michael Meuser als Herausgeber oder „Arena der Männlichkeit" von Eva Kreisky und Herausgeber Georg Spitaler. Gerd Dembowski und Jürgen Scheidle veröffentlichen in ihrem Buch „Tatort Stadion" Aufsätze, die sich mit Faktoren wie Rassismus oder Sexismus im Fußball auseinandersetzen, denen sich auch Thomas Gröbners Werk „Tatort Stadion, Wandlung der Zuschauergewalt im Profifußball" widmet. Marion Müller referiert in ihrem Buch „Fußball als Paradoxon der Moderne" über die Herkunft des Fußballs sowie den Einfluss der Geschlechter. Das Thema Homophobie im Fußball behandelt Daniel Haller in seinem Buch „Homosexualität und Homophobie im Fußball".

Im nächsten Kapitel der Arbeit wird die gesellschaftliche Relevanz des Themas Homosexualität untersucht und mit der Wirkung von homophoben Äußerungen verknüpft. Einen wichtigen Aspekt nimmt dabei das Coming-out ein, welches sich unmittelbar auf das Wohlbefinden der Menschen auswirken kann.

4. Die gesellschaftliche Relevanz des Themas Homosexualität

Bevor das Thema „Homosexualität im Profifußball" untersucht wird, ist es zwingend notwendig Homosexualität zu definieren und die gesellschaftliche Entwicklung in Deutschland aufzuzeigen. Zur Nieden (2005, S. 7) berichtet, dass die Grenzen zwischen homosozialen und homosexuellen Männerbindungen in der Mitte des 20. Jahrhunderts zu einem Thema wurde, das die Öffentlichkeit polarisierte und zunächst als politisches und gesellschaftliches Problem eingestuft wurde. Die Öffentlichkeit beschäftigt sich seit Ende des 19. Jahrhunderts mit dem Phänomen Homosexualität. Es wurde diskutiert, ob Homosexualität, also die gleichgeschlechtliche Liebe und Sexualität zwischen Männern oder Frauen, ein psychologisches Rätsel oder eine Spielart der Natur war. Auch die Ausdrücke „Verbrechen", „Sittenverfall", „Symptom bedrohlicher völkischer Degeneration und Verweiblichung der Natur" werden von zur Neiden (2005, S. 7) genannt. Die Nationalsozialisten vertraten auch in diesem Bereich ihre extreme Weltsicht – die männliche Homosexualität wurde durch die Verschärfung des bereits seit 1872 geltenden § 175 des deutschen Reichsstrafgesetzbuchs zunehmend verfolgt und bestraft. Der Hintergrund waren Befürchtungen des Staates, der sich durch homosexuelle Bindungen in seiner Existenz bedroht fühlte. In den Gesetzbüchern der Bundesrepublik existierte der Paragraph zunächst weiter. Der Begriff Homosexualität ist laut zur Neiden (2005, S. 8) eine Wortschöpfung, die sexuelle Kontakte zwischen Menschen gleichen Geschlechts beschreibt. Diese Definition entstand Ende des 19. Jahrhunderts und ist noch heute gültig. Weiterhin berichtet zur Neiden (2005, S. 8), dass nach der Jahrhundertwende „Rassenhygieniker" Vereine gründeten, um eine „Zivilisationskrankheit" und „rassische Degeneration" zu verhindern. Psychiater begleiteten die Betroffenen, um Strategien gegen die Homosexualität zu entwerfen. Noch 1952 wurde Homosexualität im ersten DSM unter sexueller Abweichung erfasst (Fiedler, 2004, S. 43), doch allmählich vollzog sich, auch aufgrund aufkeimender gesellschaftlicher Diskussionen ein Wandel. Im dritten DSM, erschienen 1980, war Homosexualität aus dem Themenkomplex psychischer Störungen gestrichen worden. Dieser Verlauf ist sinnbildlich für einen Wandel, der große Teile der Gesellschaft erfasst hat und synchron geht mit dem Autoritätsverlust der traditionell machtvollen Kirche in Deutschland. Ein Beispiel stellt die Bundestagswahl 2009 dar, aus der die FDP mit ihrem damaligen homosexuellen Bundesvorsitzenden Dr. Guido Westerwelle und dem besten Wahlergebnis ihrer Historie als großer Gewinner hervorgegangen sind. Ihm bescherte dies den traditionellen Posten eines Juniorpartners in einer Koalition – er wurde Vizekanzler und Bundesaußenminister. Damit vertritt zum ersten Mal in der Geschichte ein bekennender Homosexueller Deutschland außenpolitisch in der Welt.

Im Zusammenhang mit der katholischen Kirche berichtet Fiedler (2004, S. 46) von der „Kongregation für die Glaubenslehre" des Vatikans, die 2003 erschienen ist. Hier sagt die katholische Kirche der homosexuellen Lebensgemeinschaft den Kampf an, die in vielen Ländern gleichberechtigt mit der „klassischen" Ehe ist. Dies steht im Widerspruch zu dem oben genannten Wandel. Um diesen fortzuführen und nicht zu bremsen, müsste die Kirche ihre Haltung zu diesem Thema verändern.

1999 widmete sich eine Studie dem Themenkomplex Homosexualität, in der weit über 1000 US-Amerikaner telefonisch befragt wurden, welche Ursachen für Homosexualität sie vermuten.

Die folgende Tabelle zeigt die genannten Antworten (Herek, 2002, zit. in Fiedler, 2004, S. 77):

	Befragte Männer über …			Befragte Frauen über …	
	Lesben	Schwule		Lesben	Schwule
Ursachen der Homosexualität:	in %				
Selbst gewählter Lebensstil	62,6	53,8		53,2	42,5
Nicht selbst gewählt, sondern:					
Angeboren	23,1	30,1		34,4	41,9
Erziehung, Umwelt	9,2	8,6		6,5	8,3
Weiß ich nicht	5,1	7,5		5,9	7,2
Sexuelle Belästigung oder Missbrauch in der Kindheit	8,5	19,1		5,8	9,6
Geisteskrankheiten	14,8	21,9		11,7	13,4
Genauso wie andere Geschlechtspartnerorientierungen	48,2	53,9		53	49,2
Fühle mich in der Gegenwart eines homosexuellen Menschen mehr oder weniger unbehaglich	35,5	48,4		42,7	28,8

Die Tabelle zeigt, dass eine Mehrzahl der Befragten wissenschaftlich nicht begründbare Meinungen über die Entstehung von Homosexualität vertritt. Dies wird deutlich, da die Antwortmöglichkeit „frei gewählter Lebensstils" in der Auswahl dominiert. Wird diese Möglichkeit nicht erwogen, so sehen die Befragten die Gene oder Umwelteinflüsse als mögliche Faktoren (Fiedler, 2004, S. 77). Stereotypien wie sexueller Missbrauch oder eine Geisteskrankheiten als Ursache für Homosexualität werden immer noch genannt, besonders, wenn Männer sich zu Schwulen äußern, obwohl wie oben beschrieben, Homosexualität in Deutschland zu dieser Zeit schon lange nicht mehr als psychologische Störung galt. Besonders auffällig und interessant ist, dass Frauen seltener Vorurteile und Stereotypien bestätigen; da die Mehrzahl der Stadionbesucher männlich ist (siehe Kapitel 7 Fanverhalten im Stadion), könnte hierin ein Grund für die homophobe Haltung in Stadien zu finden sein. Nach Seise (2002, zit. in Fiedler, 2004, S. 78) unterscheidet sich die Meinung in Deutschland nicht wesentlich von jener in den USA, welche durch die Studie repräsentativ dargestellt wurde. Demnach lässt eventuell die häufige Nennung „des selbst gewählten Lebensstils" auf einen toleranteren Umgang mit der Thematik „Homosexualität im Profifußball" schließen. Dem gegenüber steht allerdings der hohe Wert für ein Unwohlsein in Gegenwart eines homosexuellen Menschen. Hier kann mit Hilfe einer bewussten Aufklärung angesetzt werden. Es ist wichtig, die vorhandenen Klischees in den Köpfen der Menschen abzubauen.

Um die ursprüngliche Fragestellung der Arbeit, die Identifizierung der Ursachen für ein Nicht-Outing zu erreichen, muss zunächst das komplementäre Thema Homophobie genauer beleuchtet werden. Wie definiert sich Homophobie und welche Auswirkung haben die oftmals in ihrem Zusammenhang stehenden, intoleranten Aussagen auf Homosexuelle? Wenn das Thema „Homosexualität im Profifußball" behandelt und wissenschaftlich untersucht wird, dann ist der nachfolgende Teil unabdingbar.

Wie schon beschrieben, nimmt das Thema Homophobie im Profifußball einen großen Stellenwert ein. Ein Großteil der homophoben Äußerungen, mit denen sich die Spieler konfrontiert sehen, kommt von den Tribünen der Stadien. Gerd Dembrowksi, ehemaliger Mitarbeiter von zwei Duisburger Fanprojekten und Sprecher von BAFF, berichtet in seinem Aufsatz „Von Schwabenschwuchteln und nackten Schalkern. Schwulenfeindlichkeit im Fußballmilieu" (2002, S.140 f.) von ebendiesen Aussagen, die ein Outing für die Spieler zu einem gewagten und wohlüberlegten Schritt werden lassen. Homophobe Äußerungen können nicht einzelnen Vereinen zugeordnet werden, im Gegenteil, sie ziehen sich durch alle Stadion und sind auf der ganzen Welt zu finden. Sprechchöre wie „ Schwuler XY" (XY steht für den Verein oder Spieler) sind keine Seltenheit. Weitere Beispiele sind „Ewald der Schnelle / der Homosexuelle" oder „Toni Polster, jeder kennt ihn, den Stricher aus Wien" (2002, S. 140). Auch bekannte Musikstücke werden für homophobe Äußerungen missbraucht. Auf die Melodie zu „Yellow Submarine" von den Beatles wird der Slogan „XY ist Homosexuell" gesungen. Gerd Dembrowski nennt hier Uwe Kamps als Beispiel. Verwunderlich ist jedoch, dass die homophoben Äußerungen in einem gewissen Wiederspruch zu den emotionalen Ausbrüchen stehen, die die Fans auf dem Rasen sehen und auf der Tribüne leben. Nach einem Tor wird der Torschütze gefeiert, umarmt oder manchmal geküsst. Dembrowski berichtet von einem homosexuellen Fußballfan (2002, S. 141), der anderen homosexuellen Fans, die länger auf Zärtlichkeit verzichten mussten, einen Besuch im Stadion empfahl. Laut diesem Fan ist es nirgendwo einfacher Berührungen mit anderen Männern auszutauschen als auf den Stehrängen. Nach einem Tor wird geherzt und sich umarmt. Dennoch ist Homosexualität ein Tabuthema auf den Rängen. Spieler und Fans des in traditionell violett gekleideten Vereins Tennis Borussia Berlin wurden im September 2000 von den Anhängern des Vereins Union Berlin als „Arschficker" und „Lila und Weiß ist schwul" beschimpft. Slogans wie „schwuler, schwuler BVB" ist ein Gesang, der den Fans von Borussia Dortmund bei fast jedem Spiel entgegen schallt. „Arbeitslos und Homosexuell, das ist der VfL" ist in die gleiche Kategorie einzuordnen. Rivaldo, der damalige Star Brasiliens wurde beim knappen und wichtigen 1:0 Heimsieg gegen Kolumbien in Qualifikation für die WM 2002 als „Schwuler" beschimpft. Diego Maradona bediente sich der Homophobie, um seine Karriere und Ruhm als Fußballer auszubauen, indem er öffentlich die Frage stellte, wieso Pélé als einer der besten Fußballer und Athleten des Jahrhunderts gefeiert wird, obwohl dieser in einem Interview zugab seine ersten sexuellen Erfahrungen mit einem Mann gehabt zu haben und er (Maradona) selber für seinen Drogenmissbrauch kritisiert wird. Pélé offenbarte seine Erfahrungen gegenüber dem brasilianischen Playboy. Fraglich ist, weshalb Pélé, der tatsächlich weltweit für seine hohe Fußballkunst und sein authentisches Auftreten gefeiert wurde und respektiert wird, nicht in ebensolchem Maße von der Öffentlichkeit und den Fußballfans mit homophoben Äußerungen traktiert wird. Eventuell ist seine große Beliebtheit ein Faktor, der bei der Aussicht auf ein toleranteres Bild im Stadion eine wesentliche Rolle spielt. Bei den Fans beliebte Spieler könnten so den ersten Schritt wagen.

Haller (2010, S. 4) erklärt, dass der Begriff Homophobie auf den US – amerikanischen Psychotherapeuten George Weinberg zurückzuführen ist, der ihn 1972 einführte. Bereits 1982 definierte der Duden „Homophobie" als „krankhafte Angst und Abneigung gegen Homosexualität" (Fiedler, 2004, S.74) und mittlerweile ist der Begriff sowohl im wissenschaftlichen Diskurs, als auch im allgemeinen Sprachgebrauch anzutreffen. Unter Homophobie versteht man laut Walther-Ahrens (2011, S. 28) eine irrationale Angst, welches die Ursache ist für ein ablehnendes Verhalten gegenüber homosexuellen Menschen. Homophobie ist keine Phobie im eigentlichen Sinn, denn sie definiert sich über den Hass, die Abneigung und Feindseligkeit, die den Menschen entgegengebracht wird. Homophobie wird wie auch Rassismus als „gruppenbezogene Menschenfeindlichkeit" eingestuft. Walther-Ahrens beschreibt in ihrem Buch (2011, S. 28 f.) die Diskriminierung, die homosexuelle Menschen in ihrem Alltag bewusst oder auch unbewusst erleben müssen. Diskriminierung kann weiter differenziert werden. Physische Gewalt ist die offensichtlichste Ausdrucksform. Unter die unbewusste Diskriminierung fallen Situationen, die nicht absichtlich herbeigeführt werden und dennoch verletzend sind oder sein können. Fragen wie „Wann kommt denn deine Frau?" zu einem homosexuellen Mann oder „Wie heißt denn dein Freund?" zu einer Frau setzten Heterosexualität bei den Menschen voraus. Daher rührt auch der Verdacht, dass homosexuelle Fußballer zu medienwirksamen oder auch internen Anlässen wie einer Weihnachtsfeier Frauen mitbringen, um ihre Homosexualität zu verbergen. In Bezug auf Walther-Ahrens gibt es „im öffentlichen Leben eine breite Palette von Reaktionen auf Homosexualität (2011, S. 29), mit anderen Worten, die Öffentlichkeit kennt ganz verschiedene Reaktionen, die von einer absoluten Akzeptanz homosexueller Menschen bis zur hin zu einer Separation von diesen geht, während die häufigste Form, versteckte Ablehnung, eine Zwischenstufe darstellt. Um hier entgegen zu wirken hat die Europäische Union Gleichstellungsgesetze entworfen, welche seit 2006 geltendes Recht sind und die Antidiskriminierungsrichtlinien im Gesetz der Bundesrepublik Deutschland regeln. Diskriminierung, die auf die Religion, Weltanschauung, Geschlecht, ethische Herkunft oder eben die Sexualität abzielen, sollen durch dieses Gesetz verhindert werden. Formal stellt dies also eine Erweiterung von Artikel 3, Absatz 3 des Grundgesetzes dar, mit der Folge, dass Homosexuelle und transsexuelle Menschen sich seitdem auf eine rechtliche Grundlage berufen können, wenn sie erfahrene Diskriminierung anprangern. Dies ist im § 19 des allgemeinen Gleichbehandlungsgesetzes verankert, das vom Bundesministerium der Justiz (2006) umgesetzt wird.

Nachdem deutlich wurde welche Relevanz das Thema Homosexualität in der Gesellschaft hat und was genau unter Homophobie zu verstehen ist, werden im nächsten Kapitel Klischees, die im Zusammenhang mit Homosexualität stehen behandelt. Dies ist eminent wichtig, um zu verstehen, welche Assoziationen eventuell die Fans und Funktionäre haben, die sich gegen „Homosexualität im Profifußball" aussprechen.

Klischees

Obligatorisch und zweckdienlich ist zunächst die Begriffsdefinition. Unter Klischees versteht man vorgeprägte und unreflektierte Meinungen und Einstellungen gegenüber einer bestimmten Personen- oder Gesellschaftsgruppe, ohne diese genau zu kennen.

Die Klischees, welche sich um die Homosexualität ranken, sind äußerst vielschichtig und nach Walter-Ahrens nur schwer zu identifizieren. Geläufig sind etwa Attribute wie ein stark ausgeprägtes Modebewusstsein und ein stets gepflegtes Äußeres, die vor allem homosexuellen Männern zugeschrieben werden. In modischen Fragen sind sie ein besserer Ansprechpartner als heterosexuelle Männer. Demgegenüber seien homosexuelle Frauen über ihr maskulines Aussehen und ihre wenig feminine Kleidung zu identifizieren. Landläufig scheint es eine Korrelation zwischen Mode und sexueller Orientierung zu geben. „Schwule erkennt man sofort", diese Aussage trifft Braun (2006, S.26) – vornehmlich, um zu provozieren. Er bedient dabei ein gängiges Klischee – homosexuelle Männer, die aus Ihrer Sexualität kein Geheimnis, zeigen ein anderes Verhalten als Heterosexuelle. Salopp gesprochen, ließe es sich als „tuntig" bezeichnen. Jedoch merkt Braun an, dass diese Klischees nicht haltbar sind, denn oft ist es der sehr maskulin wirkende Mann, welcher in Wirklichkeit homosexuell ist und umgekehrt entpuppt sich der „tuntige" Mann als großer Frauenverführer. Diese Beispiele sollen vergegenwärtigen, dass Klischees in der heutigen Gesellschaft nicht tragbar, manchmal auch unerträglich sind und doch ist eine Behandlung von ihnen im Kontext von „Homosexualität im Profifußball" unerlässlich. Es entspricht dem menschlichen Naturell die Welt klassifizieren und kategorisieren zu wollen, oftmals unter Zuhilfenahme verbreiteter und unreflektiert übernommener Klischees – hier liegt meines Erachtens ein Quell des Übels.

Das wahrscheinlich gängigste Vorurteil über Schwule zielt auf ihre vermeintliche Weiblichkeit ab. Laut Braun (2006, S. 27) geht dieses Klischee noch weiter. Schwule verhalten sich nicht nur weiblich, sondern sind schwach, „Schlappschwänze". Diese Metapher passt nicht zu jenen maskulinen Fußballern, die regelmäßig mit vollem Körpereinsatz um Pokale und Punkte kämpfen, die schönsten Frauen an ihrer Seite haben und im größtmöglichen öffentlichen Interesse stehen. Für die Fans ist es einfach undenkbar, dass ihr Idol in der Mannschaft, womöglich der Torjäger Männer bevorzugen könnte. Braun betont, dass man einen homosexuellen Mann kaum mehr verletzen kann, als ihm seine Männlichkeit abzuerkennen. (2006, S. 27).

Demnach leiden homosexuelle Männer sehr unter diesem Klischee, eine Verknüpfung zu möglichen homosexuellen Spielern ist an dieser Stelle zielführend. Wie schon erwähnt müssen sie ihre sexuelle Neigung verstecken und sich so verhalten, dass sie von Beobachtern als maskulin wahrgenommen werden – ein großer Leidensdruck ist die logische Konsequenz. Der ehemalige Fußballer Marcus Urban bekräftigt diese These in seinem autobiografischen Buch (siehe Kapitel 9).

Um diesen Aspekten noch mehr Gewicht zu verleihen, ist es wichtig, sich mit den positiven Auswirkungen eines öffentlich begangenen Coming-out auf das Individuum zu beschäftigen.

Coming-Out

Unter einem Coming-out in Bezug auf die eigene Sexualität versteht man laut Braun (2006, S. 14) die Gewissheit, nicht heterosexuell sondern homosexuell zu sein und dies öffentlich zu verbreiten.

Braun (2006, S. 17) berichtet aber auch von einem „inneren Coming-out", bei dem der Betroffene alle diffusen und teilweise verstörenden Gefühle mit sich selber ausmacht, was letztlich zu einem Kreislauf von Verunsicherungen und aufkommenden Fragen führt. Jeder Mensch geht unterschiedlich mit der Thematik um, doch lässt sich generell eine Tendenz feststellen – selbstbewusste Persönlichkeiten, mit einem positiven Bezug zu ihrem Körper, können besser mit der Situation umgehen als introvertierte, verunsicherte Menschen. Von nicht zu überschätzender Bedeutung sind hier auch regionale, ethnische und religiöse Unterschiede in Bezug auf den Umgang mit Homosexualität. Zu Verweisen ist beispielsweise auf die rigide Handhabung in weiten Teilen der muslimisch geprägten Welt.

In urbanen Gebieten lebende Personen können häufig offener mit ihrer Sexualität umgehen, da Städte anonymer und im Durchschnitt auch toleranter sind als ländliche geprägte Gebiete. Eine Pauschalisierung ist jedoch sicherlich nicht hilfreich, jeder Mensch handelt aus seinem Umfeld heraus. Ein in Deutschland lebender Muslim, der in einem akademischen Umfeld aufgewachsen ist, hat es ohne Zweifel einfacher, sein Coming-out zu praktizieren, als der Sohn eines einfachen Bauern in Iran.

Natürlich nimmt auch das Alter Einfluss auf ein Coming-out. Manche Menschen kommen erst im Erwachsenenalter zu der Erkenntnis homosexuell zu sein. Zu dieser Zeit haben sie eventuell schon eine Familie gegründet und eine Existenz aufgebaut. Da eine Outing in solch einem Moment trivialerwiese das bis dato geführte Leben stark beeinflusst, fällt es noch schwerer, diesen Schritt zu gehen.

Das innere Coming-out ist die Zeit, in der die erotischen Gefühle zum gleichen Geschlecht deutlich werden. Es geht des Öfteren einher mit einer gefühlten Isolation von der Gesellschaft, wobei das Empfinden, sich scheinbar anders zu verhalten als der überwiegende Teil der Gesellschaft, zu Schamgefühlen oder sogar sozialen Problemen führen kann. Ebenfalls spielt dabei die Angst vor Mobbing, fehlendem Respekt oder Unverständnis des sozialen Umfelds eine relevante Rolle.

Braun (2006, S. 14) berichtet von einer im Jahre 2002 durchgeführten Studie, bei der deutlich wurde, dass das Verstehen und Akzeptieren der eigenen Homosexualität noch immer mit derselben Angst, wie vor 30 Jahren, belegt ist.

Weiterführend kann gesagt werden, dass die Identitätsfindung homosexueller Männer und Frauen aus den oben genannten Gründen erschwert wird. Das Ziel des Coming-out ist ein inneres Wohlbefinden und ein entspanntes Verhältnis zu der eigenen Sexualität im Dialog mit der Gesellschaft. Dies kann nur durch ein umfassendes, bewusst und entschieden nach außen getragenes Coming-out geschehen. Dieser Aspekt ist bei homosexuellen Profifußballern nicht gegeben, sie flüchten in eine eigene Scheinwelt, was in letzter Konsequenz zu psychischen Problemen sowie Identitätsstörungen führen kann. Kapitel 10 widmet sich dieser Thematik anhand des Leidensweges von Marcus Urban.

Braun (2006, S. 16) listet 6 Punkte auf, mit deren Hilfe man den Erfolg eines Coming-out des Mannes evaluieren kann:

„Ein Coming-out ist dann gelungen,

1. *wenn du dich wohl fühlst, schwul oder bisexuell zu sein oder als Heterosexueller schwule Anteile zu haben;*

2. *wenn du dich als Schwuler oder Bisexueller in der heterosexuellen Welt gut integriert fühlst;*

3. *wenn du dein eigenes Schwulsein genauso akzeptierst wie die sexuelle Orientierung der anderen - wie auch immer die sein mag;*

4. *wenn du bei der Partnersuche voll und ganz hinter deinen Wünschen stehst;*

5. *wenn du schwule Beziehungen eingehen kannst, ohne dich deines Partners oder deiner Gefühle zu schämen;*

6. *wenn du Spaß an deiner Sexualität hast;"*

Natürlich ist das Coming-out ein Prozess, der eine lange Zeit benötigt um verarbeitet zu werden. Auch wenn der oder die Betroffene sicher ist, in seiner/ihrer Identitätsfindung gefestigt zu sein und die eigene Homosexualität nach den oben genannten Punkten akzeptiert zu haben, können immer wieder Situationen auftreten, bei der die eigene

Überzeugung ins Wanken gerät. Dies kann zum Beispiel eine öffentliche Situation mit dem Partner sein, bei der deutlich wird, dass Menschen im Umfeld die Homosexualität nicht akzeptieren. Homophobe Diskriminierung belastet die Betroffenen und kann zu einer Verheimlichung der Gefühle führen. Dies lässt sich ebenfalls auf den Profifußball und das Stadionbild übertragen. Die homophoben Äußerungen im Stadion können analog ein Coming-out des Spielers verhindern, nach welchem sie sich unter Umständen angreifbar und verletzlich fühlen. Sie fürchten um ihr Privatleben und ihre Karriere.

Klarheit über die eigenen Gefühle und Sexualität zu erlangen, kann das Ende eines langwierigen und schweren Weges sein. Beispielsweise kann die Tatsache, bisexuell zu sein, also sich zu beiden Geschlechter hingezogen zu fühlen, zunächst zu Verwirrung und Fehlinterpretationen führen – besonders, wenn der Betroffene in einem, eventueller Unwissenheit geschuldeten, Schwarz-Weiß-Denken verhaftet ist und versucht, sich einer sexuellen Vorliebe klar zuzuordnen. Seltener ist der Fall, dass sich ein Mann in eine Frau verliebt, der sich in seiner Identitätsfindung sicher war, homosexuell zu sein. Wie schon geschrieben gehen manche Männer Beziehungen zum weiblichen Geschlecht ein, weil sie nicht wahrhaben wollen, homosexuell veranlagt zu sein. Die Ungewissheit um die eigenen Vorlieben kann sich stark auf das Verhalten und Wohlbefinden eines Menschen auswirken.

Braun (2006, S.20) definiert zwei Orientierungshilfen, wann ein Mensch homosexuell oder bisexuell sein könnte. Wichtig ist es abermals, diese nicht zu pauschalisieren.

- *„Wenn du sexuelle Gefühle für Männer hast und dich in Jungs und Männer verliebst, bist du schwul. Dabei kann es durchaus sein, dass du etwas für Mädchen und Frauen fühlst. Allerdings nicht so stark wie für Männer.*

- *Wenn du sexuelle Gefühle zu Jungs und Männern und gleichermaßen zu Mädchen und Frauen hast, dich in beide Geschlechter verliebst und dich nach Liebe und Sex mit Ihnen sehnst, dann bist du bisexuell.“*

Man kann sich vorstellen, dass Menschen, die ihre Homosexualität verstecken, sich selber belügen. Sowohl die Sexualität, als auch eigene Bedürfnisse, welche ebenfalls eine Facette der Persönlichkeiten darstellen und im Leben einen hohen Stellenwert besitzen, werden so vor wichtigen und nahestehenden Personen verborgen. Die Errichtung eines energieraubenden Lügengebildes ist unerlässlich und kann in der Konsequenz zu schweren Traumata führen.

Vice Versa: Ein Coming-out kann zu einem gesteigerten Selbstbewusstsein führen. Das Vortäuschen einer anderen sexuellen Neigung ist nicht mehr notwendig, der Betroffene wird sich im wahrsten Sinne des Wortes seiner selbst bewusst und kann fortan in Übereinstimmung mit seiner Identität agieren. Braun (2006, S. 30) weist jedoch darauf hin, sich vor einem Coming-out mit den zu erwartenden Reaktionen des näheren sozialen Umfeldes zu beschäftigen. Wird beispielsweise befürchtet, dass die Schulfreunde eines homosexuellen Jugendlichen mit homophoben Äußerungen auf das Coming-out reagieren, wäre es wichtig, sich bereits im Voraus mit Freunden oder Eltern zu beraten, sofern diese eingeweiht sind.

Das Kapitel macht deutlich, wie wichtig es für die betroffenen homosexuellen Spieler, ist, sich kontrovers und analytisch mit dem Thema Coming-out auseinander zu setzen. Neben dem Produkt Fußball darf der Mensch nicht in den Hintergrund treten, das Thema Coming-out zeigt die Notwendigkeit auf.

Nicht zu vernachlässigen ist auch eine Vorbildfunktion, die homosexuelle Profifußballer einnehmen könnten. Gerade Jugendliche benötigen bei Konflikten in ihrer Identitätsfindung oftmals Orientierungshilfe. Würden sich ihre sportlichen Vorbilder outen, wäre dies für die betroffenen Jugendlichen ein wichtiges Signal.

5. Geschlecht als Konstrukt

Bereits qua Geburt wird ein Baby nach seinem Geschlecht etikettiert, es ist entweder männlich oder weiblich. Diese Etikettierung ist aufgrund visueller Erkennungsmerkmale einfach zu treffen. Das Thema Geschlecht begleitet jeden Menschen sein Leben lang. Das Kapitel 6 „Männerbild im Fußball" zeigt deutlich auf, welche Attribute und Attitüden im Profifußball als typisch männlich gelten und somit obligatorisch sind, um nicht als Abweichler aufzufallen. Aber ist es so einfach, zwischen typisch männlich und weiblich zu unterscheiden?

Politisch wegweisendes erfolgte mit der Jahrtausendwende. Die deutsche Bundesregierung verpflichtete sich am 26. Juli 2000 im Zuge einer EU-Initiative zu folgendem Grundsatz:

> *„Die Gleichstellung von Frauen und Männern ist durchgängiges Leitprinzip und soll bei allen politischen, normgebenden und verwaltenden Maßnahmen der Bundesregierung in ihren Bereichen gefördert werden (Gender Mainstreaming)"*
> *(Klein, 2009, S. 9)*

Das Gender Mainstreaming ist von allen gesellschaftlichen Institutionen einzuhalten, wozu vor allem die staatliche Verwaltung, die private Wirtschaft und das Bildungssystem zählen. Der Begriff „Gender" bezeichnet das soziale Geschlecht, der Unterschied zwischen Männern und Frauen wird hier nicht deutlich definiert. Der englische Begriff „Sex" bezeichnet in diesen Zusammenhang das biologische Geschlecht.

Mascher (2009, S. 23) erklärt, dass es nicht nur primär darum geht, eine Gleichstellung von Mann und Frau bei der Besetzung von Arbeitsplätzen zu gewährleisten, sondern eine Gleichstellung der differenzierten Geschlechter zu schaffen. Der Unterschied in den Formulierungen ist, dass das Thema Geschlecht in seiner thematischen Tiefe vielschichtiger besetzt ist. Dies bedeutet, dass neben den biologischen Geschlechtsmerkmalen auch die religiöse Glaubensrichtig, die Sexualität, eventuelle körperliche Beeinträchtigungen oder die Herkunft genannt werden müssen. All diese Aspekte fließen in die Entscheidungs- und Handlungskriterien mit ein.

Wenn vom Geschlecht als soziales Konstrukt gesprochen wird, so bedeutet dies nach Mascher (2009, S. 26), dass der Mensch nach der Geburt entweder als männlich oder weiblich eingeordnet wird. Auf Grund dessen wird der junge Mensch auf das Leben vorbereitet, damit dieser sich später typisch männlich oder weiblich verhält. Er wird demnach unter dem Begriff „Sex" eingeordnet, dem biologischen Geschlecht. Treis und Abriß (2005, S. 6) bestätigen, dass in der heutigen Gesellschaft den Menschen nach ihrem biologischen Geschlecht hin Möglichkeiten und Eigenschaften zugeordnet werden, was oftmals auf historischem Ursprung zurückzuführen ist. Dies kann zu Problemen und Missverständnissen führen.

Die Definition „ Geschlecht als soziales Konstrukt" spielt eine wichtige Rolle, wenn das Thema Homosexualität im Fußball erörtert wird. Denn auch im Fußball sind die Rollen der Geschlechter festgelegt und gesellschaftlich konstruiert. Wie im Kapitel „Männerbild im Stadion" dargelegt, müssen die Spieler sich sehr maskulin verhalten, um für den Verein die beste Leistung abliefern zu können. Nach dieser Annahme ist es undenkbar, dass ein Mann homosexuell sein kann, denn wenn vom „Geschlecht als soziales Konstrukt" gesprochen wird, ist jeder Mensch heterosexuell. Männer dürften dann nur Frauen anziehend finden. In diesem Denkmuster, so Butler (1991, S121) würde der homosexuelle Mann, der in der Gesellschaft seine Bedürfnisse auslebt, seine gesellschaftliche Identität verlieren.

Sipos (2009, S. 47) bekräftigt ebenfalls diesen Ansatz. Sie macht deutlich, dass die Gesellschaft von der Denkstruktur, Männer und Frauen seien unterschiedlich, abrücken muss, um den Gender-Gedanken zu verstehen und zu leben. So seien die Menschen alle gleich, ihr Verhalten sei geprägt durch die Religion etc. (Aufzählung siehe oben). Des Weiteren spielen die im Leben gemachten Erfahrungen bei der Entscheidungsvielfalt eine wichtige Rolle. Die Unterscheidung zwischen Männern und Frauen kann es in diesem Zusammenhang nicht mehr geben. Sipos (2009, S. 48) erklärt, dass es beim Gender nicht um die Gleichstellung der biologischen Geschlechter, sondern um die Chancengleichheit aller geht. In diesem Sinne sind die homosexuellen Spieler zu nennen, die befürchten aufgrund ihres Outings ihre Karriere beenden zu müssen. Nach Kositza (2008, S. 66) hat die Unterteilung zwischen Männern und Frauen in der heutigen Gesellschaft keinen Stellenwert mehr. Diese Entwicklung hat jedoch nicht überall Einzug gehalten und keinesfalls zum Profifußball vorgedrungen.

Nach dem Gender Mainstreaming dürfte es keine Unterteilung zwischen Männern und Frauen geben. Das nächste Kapitel zeigt jedoch deutlich, dass das Männerbild im Profifußball durch die Öffentlichkeit vorgefertigt ist, was es einem homosexuellen Mann schwer macht sich zu outen.

6. Männerbild im Fußball

Für viele Fans ist der Fußball eine Bastion der Männlichkeit. Es ist kaum vorstellbar, dass bei diesem körperbetonten und emotionalen Spiel Homosexualität vorkommen könnte. Nach Leibfried und Erb (2011, S. 23) gilt Fußball als absolutes Kampfspiel, als Spiel, bei dem wahre Männer gefordert sind. Mit großem Körpereinsatz werden Bälle erobert, eine Verletzung rausgelaufen oder eine Platzwunde direkt auf dem Fußballplatz getackert. Fußball lässt keinen Platz für Weicheier, so die allgemeine Meinung. Wer sich schon einmal in einer Fußballkabine aufgehalten hat, weiß dass Themen wie die neuste weibliche Eroberung oder die ausgeprägte Potenz an der Tagesordnung stehen. Der Fußballplatz ist ein Ort, an dem sich Machos wohlfühlen, ja, wo sie wirklich gebraucht werden. Es wird auf den Boden gespuckt und beleidigt, auf dem Platz und auf den Rängen. Meuser (2008, S. 114) legt dar, dass es wenige soziale Felder gibt, die deutlicher als der Fußball Männlichkeit darstellt.

Vergleichen viele Menschen diese Tatsachen und die Klischees, die über Homosexualität bestehen, so ist einfach kein Fußballspieler homosexuell. Zu groß sind die Unterschiede. Ein Mann der sich schrill und tuntig anzieht, kann nicht vor 80000 Zuschauern, wie im Dortmunder Signal Iduna Park, für seine Mannschaft auf Punkte oder Torejagd gehen. Es fehlen einfach die männlichen Attribute, wie Durchsetzungsfähigkeit, Stärke, Robustheit und der absoluter Wille zu gewinnen (siehe Geschlecht als Konstrukt.).

Doch wie Leibfried und Erb (2011, S. 24) darstellen, scheint der Fußball für homosexuelle Spieler perfekt zu sein. Es gibt wenige Sportarten, bei denen solch ein enger Körperkontakt zelebriert wird wie beim Fußball. Es wird gerempelt und gezogen. Nach einem Tor umarmen sich die Spieler oder schmeißen sich aufeinander. Nach einem Torjubel kann es vorkommen, dass die Spieler sich verbotenerweise das Trikot vom Körper reißen und zu der Fankurve und den Mitspielern laufen. Natürlich ist, wie es für die richtigen Männer im Profifußball gehört, der Körper gepflegt und muskulös. Die Spieler sind athletisch und könnten, wie Cristiano Ronaldo, größtenteils eine Karriere als Model anstreben.

Diese Punkte sind wichtig zu erfahren, denn für homosexuelle Spieler ist es schwierig, diese Aspekte zu verarbeiten und mit ihnen zu leben. Wie schon beschrieben, müssen die homosexuellen Spieler ihre Bedürfnisse und sexuellen Neigungen verstecken. Leibfried und Erb (2011, S. 28) stellen einen spannenden Vergleich auf. Heterosexuelle Fußballspieler verbinden keine Sexualität mit dem Torjubel oder den innigen Körperkontakten. Diese Faktoren gehören zu ihrem Spiel, für das sie sehr gut entlohnt werden. Wenn man sich jetzt aber die homosexuellen Spieler betrachtet, die ihre sexuelle Neigung verstecken müssen, sieht dieser Aspekt anders aus. Durch ihren Leidensdruck, heterosexuell wirken zu müssen, beteiligen sie sich nicht an den Jubelszenarien oder Körperkontakten. Sie haben Angst als homosexuell erkannt zu werden. Dem wirken sie entgegen, indem sie in der Kabine erfundene Geschichten über ihre weiblichen Eroberungen erzählen (siehe der Fall Marcus Urban) und sich auch auf dem Platz als besonders männlich präsentieren. Der Journalist Aljoscha Pause (Leibfried & Erb, 2011, S. 28) stellt ebenfalls eine gewagte These auf. Da auf dem Fußballplatz, aus Sicht der homosexuellen Spieler, keine Handlung als homosexuell zu erkennen sein darf, müssen sie sich besonders männlich verhalten. Seine These besagt, dass die homosexuellen Spieler womöglich daran zu erkennen sind. Laut Posen könnten die Spieler, die besonders hart in den Zweikampf gehen und viele gelbe und rote Karten sammeln, homosexuell sein. Dies würde bedeuten, dass man einfach nach den gängigen Saisonstatistiken erkennen kann, wer heterosexuell ist und wer eben nicht. Natürlich ist diese These nicht tragbar, nicht zu überprüfen und sehr zweifelhaft. Die besondere Härte mancher Spieler, wie des ehemaligen Bayernspielers Mark von Bommel, kann auch viele andere Ursachen haben, die jedoch von Posen nicht aufgezeigt werden. Die besondere Härte kann zum Spielverhalten gehören, um die Mannschaft in brenzligen Situationen aufzuwecken oder, wie in der Fußballsprache oft betitelt, ein Zeichen zu setzen. Eine harte Spielweise kann aber auch durch limitierte technische Fähigkeiten beim Fußball hervorgerufen werden. Die Spieler sind nicht in der Lage bestimmte Situationen spielerisch zu lösen und müssen im Zweikampf mit Härte dagegenhalten. Im Endeffekt zeigt diese Aufzählung, dass es wichtig ist Argumente und Thesen nach ihrer Wahrscheinlichkeit und ihrem Wahrheitsfaktor zu prüfen.

„Die Männlichkeit des Fußballs funktioniert über die Abgrenzung zu Frauen und Schwulen, die in Sexismus und Schwulenfeindlichkeit mündet" stellt Almut Sülze (in Leibfried & Erb, 2011, S. 28) fest. Als Bespiel nennt sie David Beckham, einen englischen Ausnahmespieler. David Beckham berichtete in einem Interview, dass er sich die Fingernägel lackiert und die Damenunterwäsche seiner Frau Victoria Beckham trägt. Doch wie ist es

möglich, dass die Fans ihn nicht mit homophoben Äußerungen überziehen, sondern im Stadion feiern? Die Öffentlichkeit stellt David Beckham als metrosexuellen Mann dar, der zwar weibliche Züge und Angewohnheiten angenommen hat, jedoch ein absoluter Mann im privaten sowie sportlichen Leben darstellt. Laut der Meinung der Fans kann David Beckham einfach nicht schwul sein. Im Profifußball gibt es nämlich keine homosexuellen Menschen. Wie wichtig den Profispielern ihre männliche Außendarstellung ist, zeigt das folgende Zitat von Christian Vieri, einem ehemaligen italienischem Spitzenstürmer. Dieser wurde von den Medien stark kritisiert, da er bei der EM 2004 nicht seine Höchstleistung abrufen konnte. Mit „ich bin männlicher als ihr alle zusammen" (Walter, 2006, S.99), konterte er die aufkommende Kritik. Dies bedeutet, dass Vieri eine Verknüpfung seiner Leistung mit der eigenen Männlichkeit herstellt und diese auch in die Öffentlichkeit trägt. Solche Statements nehmen ebenfalls Einfluss auf die Denkweise der Fans und Spieler. Solange die Denkweise vorherrscht, dass die Spieler nur absolut maskulin Leistungen bringen und diese nur ein heterosexueller Mann abrufen kann, werden den homosexuellen Spielern viele Hürden für ein mögliches Outing in den Weg gelegt. Eine Sensibilisierung der Fans kann hier eine mögliche Lösung sein. Die Spieler müssten von ihnen als kompletter Mensch wahrgenommen werden, jenseits des absoluten Leistungsprinzips. Der Verein kann hier den ersten Schritt gehen, indem die Spieler nach einer schwachen Saison nicht direkt verkauft oder verliehen werden.

Das nachfolgende Kapitel bezieht sich auf das Fanverhalten in Deutschland. Es wird erörtert, wie sich die Fans in den Stadien verhalten und welchen Einfluss sie auf die Spieler haben.

7. Fanverhalten im Stadion

Das folgende Kapitel soll dazu beitragen, einen Einblick über die Hintergründe der homophoben Äußerungen in einem Fußballstadion zu gewinnen. Victoria Schwenzer (2005, S. 57) erklärt in ihrem Aufsatz „Samstag im Reservat", dass der Fußball als heterosexueller Bereich gesehen wird, bei dem überwiegend männliche Zuschauer auf der Tribüne ihren Club unterstützen und von ihren Spielern absolute Leistungsbereitschaft erwarten. Dass in den Stadien überwiegend Männer zu finden sind, begründet sie mit der Annahme, dass sich deren Bedürfnisse von denen der Frauen abgrenzen. So sei es nicht im Anliegen der Frauen, saufend und grölend im Stadion zu stehen (Schwenzer, 2005, S. 57).

Bevor das Thema Homosexualität im Fußballstadion erläutert wird, ist es wichtig zu sagen, dass Themen wie Rassismus und Sexismus ebenfalls im selben Atemzug genannt werden müssen. Diese beiden Aspekte würden jedoch den thematischen Rahmen sprengen, da sie wie Homosexualität einen subtilen und sensiblen Umgang benötigen. Es lässt sich feststellen, dass in Deutschland übergreifend das Thema Rassismus in Fußballstadion als rückläufig zu beobachten ist. Nach Schwenzer (2005, S. 59) ist dies an einem subtileren und umsichtigeren Umgang mit dem Thema festzumachen. Unbestritten ist, dass das Thema Rassismus in Deutschland von den Vereinen, Fans und auch vom DFB thematisiert wurde und rassistische Äußerungen mit einem Stadionverbot geahndet werden. Schwenzer (2005, S. 61) nennt die steigende Selbstregulierung der Fangruppen als einen wichtigen Aspekt gegen den Widerstand von Rassismus im Stadion. Hier haben die rechtsextremen oder sexistisch geprägten Fangruppen ihre große Lobby verloren und können sich nicht mehr gegen die zusammengeschlossenen Fangruppierungen behaupten. Auch der geöffnete Transfermarkt, wie unter Kapitel 2 (Fußball - mehr als ein Spiel) beschrieben, wirkt hier mit ein. Da der Anteil an farbigen Spielern immer weiter zunimmt, werden die Fans in ihrer Sensibilität gestärkt. Würden die Fans die Spieler anderer Vereine als z.B. schwarzes Schwein beleidigen, träfen sie auch ihren eigenen Spieler. In den Augen der Fans ist dieser Zustand nicht tragbar. Dieser Gedanke lässt jedoch auch den Schluss zu, dass Vereine, die fast nur aus deutschen Spielern bestehen, in ihrer Wahrnehmung weniger sensibel seien könnten. Diese These ist jedoch nicht wissenschaftlich geprüft und belegt.

Schwenzer (2005, S. 61) erklärt den Ursprung von rassistischen Gesängen und Provokationen in einem Fußballstadion. Diese Argumentation kann jedoch auch auf Sexismus oder Homophobie übertragen werden.

Wichtig für das Stadionbild in Deutschland ist zu erkennen, dass die Fangruppierungen die Gesänge oder hier Provokationen nutzen, um sich gegen die gegnerischen Fans verbal durchzusetzen. Schwenzer (2005, S. 61) nennt dies einen „Fight, der akustisch und visuell im Stadion ausgetragen wird". Besonders wichtig ist hier der verbale Effekt, der abgrenzend zu den körperlichen Auseinandersetzungen im Fußball stehen soll.

Wenn von „verbalen Provokationen" geredet wird, stehen die Beleidigungen der gegnerischen Fans oder Spieler im Vordergrund. Aus diesem Grund werden die Auffälligkeiten wie die farbige Haut aufgenommen um den Gegner zu treffen.

Wenn diese Thematik jetzt auf ein mögliches Outing eines Spielers in Deutschland oder eben auch international übertragen werden würde, wäre die Homosexualität auf Grundlage der erfolgten Erörterung ein willkommener Provokationsschwerpunkt. Die gegnerischen Fans würden die Homosexualität des Spielers nutzen, um die gegnerischen Fans zu treffen. Die Menschlichkeit des Spielers würde somit im Hintergrund stehen.

Schwenzer (2005, S. 62) beschreibt das Fußballstadion als einen Raum, in dem Beleidigungen oder Provokationen eher geduldet oder toleriert werden als in anderen Teilen der Gesellschaft. So gehören vulgäre Sprechgesänge zu einem vollendeten Stadionerlebnis. Die individuelle Immunität in den Massen lässt die individuelle Toleranzgrenze sinken, Emotionen können ungebremst ausgelebt werden. Dies bedeutet, dass sich Fans im Stadion zu Taten hinreißen lassen könnten, zu denen sie an anderen gesellschaftlichen Orten nicht fähig wären. Die Vereine begegnen dieser Problematik mit einer gesteigerten Präsenz von unterschiedlichen Überwachungsmethoden im Stadion.

Bestimmte Sprüche wie „Schwule", oder „ihr seid alle homosexuell" sind in den Köpfen der Fans soweit verankert, dass sie nicht mehr kritisch reflektiert werden. Durch die wachsende mediale Präsenz werden die homophoben Äußerungen wieder in den Fokus gerückt, was ein Umdenken der Fans anstoßen könnte. Homophobe Äußerungen werden in den

Fußballstadien genutzt, um die Männlichkeit der Spieler und besonders der Fans anzuzweifeln oder sogar abzustreiten. Dies bedeutet folglich, dass diese Männer keine richtigen und wahren Fans sein können, denn absolute Männlichkeit gehört in deren Augen zum Fußball dazu.

Schwenzer (2005, S. 64) erläutert, dass neben diesen homophoben Äußerungen der Fans die eigene Körperlichkeit im Fußballstadion steht. So liegen sich fremde Männer im Stadion in den Armen, jubeln eng miteinander oder trösten sich. Diese Handlungen werden jedoch nicht als homosexuelle Taten gesehen, sie gehören zum Fanverhalten im Stadion. Sie erläutert weiter, dass es kaum einen Ort gibt, an dem sich so viel männliche Körperlichkeit präsentiert wird.

Zusammenfassend gilt ein Stadion als Ort, an dem gesellschaftliche Normen und Werte nicht gänzlich zum Tragen kommen. Aufgrund einer unpersönlichen Wahrnehmung der Einzelnen können homophobe oder rassistische Äußerungen getätigt werden, ohne dass die Fans eine besonders empfindliche Bestrafung fürchten müssten. Anscheinend lassen die Fans ihren aufgestauten Emotionen, die sich in jeder Woche durch die Arbeitswelt oder das Privatleben aufgestaut haben, in einem Fußballstadion freien Lauf. Die gelebte Körperlichkeit auf den Rängen steht im Widerspruch zu den homophoben Äußerungen, die im Stadion getätigt werden. Sexistische Gesänge, die ebenso regelmäßig von den Fans genutzt werden, haben an dieser Stelle noch nicht einmal Raum gefunden. Das rassistische und sexistische Verhalten könnte ebenso Inhalt einer Studie sein, wie Homosexualität im Stadion. Ein spannender Ansatz wäre, die gelebte Männlichkeit auf den Rängen zu filmen, um diese den Fans bei homophoben Äußerungen oder in den Pausen vorzuspielen. Mit Hilfe dieser Technik würde die Selbst- und Fremdwahrnehmung der Fans geschult und verdeutlicht, welche Emotionen unter den männlichen Fans herrschen.

Schwenzer (2005, S. 66) macht deutlich, dass die Fans die differenzierten Möglichkeiten der Diskriminierung in ihrer Wahrnehmung unterschiedlich bewerten. Sie stellt fest, dass Rassismus im Gegenteil zu homophoben Äußerungen wahrgenommen wird. Entscheidend waren hier die durch Vereine und DFB entstandenen Kampagnen gegen rassistische Diskriminierung in den Stadien gab. Nur durch diese konnte ein bewusster Umgang geschaffen werden. Dieser Umgang muss auch beim Thema

„Homosexualität im Profifußball" geschaffen werden und zwar von Seiten des Verbandes und den Vereinen.

Der Fansoziologe Dieter Bott (2008, S. 129) macht in seinem Aufsatz „Lernort Stadion" deutlich, dass politische Aktionen des DFB wie „Rote Karten gegen Rassismus" in ihrer Wirkung umstritten sind. Jedoch macht er auch deutlich, dass es scheinbar Unterschiede in der Bewertung von Rassismus und homophoben Diskriminierungen gibt. Er führt als Beispiel den Disput von Roman Weidenfeller und Gerald Asamoah während des Bundesligaspiels zwischen Schalke 04 und Borussia Dortmund von 2007 auf. Bei dem Spiel stieß der Stürmer von Schalke, Asamoah, mit dem Torhüter von Borussia Dortmund, Weidenfeller, zusammen. Anschließend berichtet Asamoah, Weidenfeller hätte ihn rassistisch beleidigt. Bott (2008, S. 130) verweist hier auf die Lippenleser, die die Beleidigung „schwules oder schwarzes Schwein" erkannt haben. Eine rassistische Beleidigung hätte einen Punktabzug, mehrere Spiele Sperre und eine empfindliche Geldstrafe zur Folge. Das DFB-Sportgericht sperrte Weidenfeller für drei Spiele und belegte ihn mit 10.000 Euro Strafe. Der BVB aber kam ohne Punktabzug davon.

Dies bedeutet, dass Weidenfeller für eine rassistische Äußerung belangt wurde, was die Frage aufwirft warum homophobe Diskriminierungen wie „schwules Schwein" nicht ebenso hart geahndet werden. Diese mediale Darstellung des Verlaufes wirkt sich natürlich auf das Verhalten der Fans aus, sie spüren hier einen Kampf des DFB gegen Rassismus. Homophobe Äußerungen scheinen nur als Kavaliersdelikt wahrgenommen zu werden. Hierzu passt laut Welt online vom 23.08.2007 eine offizielle Stellungnahme der Borussia, in der sie „großen Wert" auf die Feststellung legt, „dass Weidenfeller damit vom Vorwurf der rassistischen Beleidigung freigesprochen worden ist".

Eine Geldstrafe von 10000 Euro ist für einen Spieler, der Millionen im Jahr verdient ebenfalls keine harte Strafe, dies nehmen auch die Spieler wahr. An dieser Stelle hätte der DFB ein Zeichen setzen können und müssen.

Neben dem Stadionbild in Deutschland, welches einen großen Einfluss auf ein mögliches Outing der Spieler nimmt, gibt es weitere wichtige Einflussfaktoren, die im Folgenden erörtert werden.

8. Weitere relevante Einflussfaktoren

Es gibt sechs wesentliche Einflussfaktoren, die auf das Thema Homosexualität einwirken. Wenn man über ein Outing der Spieler diskutiert, ist es wichtig diese Aspekte in die Überlegung mit einzubeziehen. Denn folgende Punkte (8.1–8.5) nehmen einen großen Einfluss auf das Verhalten der Spieler, beziehungsweise manipulieren einen Großteil der Fans in ihrer Entscheidung. Die Einflussfaktoren unterscheiden sich nicht zu denen im Frauenfußball, dennoch scheint es hier Unterschiede zu geben.

Im Frauenfußball ist es bekannt, dass es Frauen gibt, die homosexuell sind. Dennoch wird es in diesem Bereich des Sportes geduldet oder nicht beachtet. Die Spielerinnen wissen von den sexuellen Neigungen ihrer Mitspielerinnen, spätestens bei offiziellen Feiern wird deutlich, ob die Spielerinnen auf Frauen oder Männer stehen. Und es geht bei diesen Ausführungen nicht um Amateurligen, sondern um die Frauenbundesliga.

Im Profibereich der Männer sieht dies, wie schon beschrieben, anders aus. Hier ist die Homosexualität ein großes Problem und Thema in der Öffentlichkeit. Laut Haller (2010, S. 3) würde ein Outing der Profis womöglich das Karriereende bedeuten. Welche Folgen dies auf ihr privates Leben hat, ist gar nicht auszumalen. Aus diesem Grund werden eher die psychischen Auswirkungen eines Nicht-Outings ertragen als den Weg in die Öffentlichkeit zu wählen. Der Fall Robert Enke hat den Blick auf den Fußball ein Stück verändert. Der Selbstmord des Torhüters von Hannover 96, zeigt der Öffentlichkeit, dass neben den Helden auf dem Rasen auch die Menschen dahinter zu beachten sind. Jörg Schmatze, Sportdirektor von Hannover 96 sieht in diesem Fall eine Aufgabe, die der Torwart nach seinem Suizid hinterlassen hat (Haller, 2010, S. 2). Diesen Weg geht auch Theo Zwanziger, Präsident des DFB mit. Er betont, dass der Sportverband die Aufgabe hat, präventiv an Krankheiten wie Depressionen, unter den Robert Enke litt, zu arbeiten und diese gesellschaftsfähig zu machen. Auch dürften die Spieler keine Angst haben ihre Probleme zu kommunizieren. Konsequenzen hinsichtlich der Medien, Fans etc. sollen ausgeschlossen werden.

Anhand der Einflussfaktoren wird deutlich, an welchen Punkten eine Sensibilisierung geschehen muss, damit die Spieler den Mut aufbringen sich zu outen. Daniel Haller beschreibt in seiner Arbeit (2010, S. 5) die wesentlichen Faktoren, die ein Outing verhindern bzw. erschweren. Im Folgenden werden die Medien thematisiert, die in der Öffentlichkeit großen Einfluss auf die Fans, natürlich aber auch auf die Spieler haben. Weiter geht es mit den Fans. Die Fans sind die Stimmungsmacher im Stadion, diejenigen die bei Spielen mit ihrer Unterstützung den Unterschied ausmachen können. Die Verbände regeln den Spielbetrieb in ihren Ländern, stellen Gesetze und Verbote, an die sich Spieler, Vereine und Fans halten sollen auf. Anschließend werden die Spieler, die im Vordergrund stehen und die Vereine thematisiert. Diese beiden Punkte sind eng miteinander zu verknüpfen, da die tagtägliche Arbeit miteinander eine große und wesentliche Rolle spielen kann. Zum Schluss sind die Meinungsmacher im Fußball zu nennen, die unter Kapitel 8 besonders behandelt werden.

a. Medien

Die Medien haben den größten Einfluss auf das Verhalten der Spieler.

„Sie haben die Aufgabe aufzuklären, zu bilden und eine Transparenz zu schaffen"
(Haller, 2010, S. 5)

Die Medien sind der Faktor, der die Spieler in ihrer Entscheidung sich zu outen wohl am meisten einschränkt. Sie befürchten durch ein Outing auf die Titelseiten der Zeitungen zu geraten und viele Interviews geben zu müssen sowie dauernd auf das Thema angesprochen zu werden. Diese Einschätzung ist sehr realistisch, dennoch muss erkannt werden, dass die Zeitungen und Nachrichtendienste unterschiedlich auf ein Outing reagieren würden. Einige Zeitungen würden sicherlich positiv auf ein Outing reagieren und den Spieler in seiner Entscheidung stärken und Mut zusprechen, andere würden das Thema ausschlachten und sogar negative Schlagzeilen bringen. Ein Mensch, der wegen seines Berufes in der Öffentlichkeit steht, würde somit keine Ruhe mehr finden, beziehungsweise privat unter Druck geraten. Solange die Spieler nicht absolut sicher sein können, dass ihnen aus der Sicht der Medien kein Gegenwind entgegenkommt, ist ein Outing ein gewagter Schritt. Eine wohlwollende Berichterstattung der Nachrichtendienste und Zeitungen anhand aufmunternder Schlagzeilen sowie positiven Statements, die auch die Fans mitbekommen, könnte ein Outing homosexueller Spieler positiv beeinflussen.

b. Fans

Die Fans sind ein weiterer Faktor, der auf die Thematik einwirkt. Viele Fans nutzen Ausdrücke wie „schwule Sau", „scheiß Schwuchtel", um andere Fans oder Spieler zu beleidigen. Diese homophoben Ausdrücke bleiben den Spielern natürlich nicht verborgen. Es zeigt ihnen sogar, dass im Moment ein Outing nicht ratsam, bzw. unvorstellbar wäre.

Wie unter Kapitel 5 (Männerbild im Fußball) verehren die Fans die Spieler als „moderne Krieger" (Haller, 2010, S. 6), die alles für den Verein und die Fans geben. Sie setzen sich unter schwersten Bedingungen gegen andere Spieler durch, um Spiele für den geliebten Verein zu gewinnen. Körperliche Präsenz und Männlichkeit ist in den Augen der Fans gefragt. Alles Eigenschaften, die, laut den Fans, nur ein heterosexueller Mann mitbringen kann. Es ist nicht zu kalkulieren, wie Fans auf ein Outing eines homosexuellen Spielers reagieren würden. Es kann vermutet werden, dass die eigenen Spieler, die womöglich absolute Leistungsträger sind, von den eigenen Fans geschützt, beziehungsweise gefeiert werden. Für die Fans gegnerischer Mannschaften hingegen wären sie womöglich eine leichte „Beute".

Eine weitere Vermutung wäre, dass z.B. Nationalspieler, die eine große Beliebtheit in Deutschland und auch auf der internationalen Fußballbühne genießen, eine Vorreiterrolle bei einem Outing haben könnten. Es ist wichtig nicht alle Fans oder Gruppen zu stigmatisieren.

Mittlerweile wirken auch homosexuelle Fangruppen auf die Thematik ein. Der in der Einleitung beschriebene Hertha BSC Fanclub Hertha Junxx, ist der erste Fanclub der sich zu Homosexualität bekannte. Mit einem eigens konzipierten Banner ging der Fanclub in die Offensive, „Fußball ist alles - auch schwul" so der Slogan, der sich auf einem Banner im Stadion befindet. Laut Haller (2010, S. 6) haben die anderen Fans diese Initiative gut aufgenommen. Der Banner ist dieser bei jedem Heimspiel, auch von den Spielern, zu sehen und soll zeigen, dass Homosexualität kein Tabuthema mehr ist. Reimann (2008) bringt dies in ihrem Artikel auf den Punkt: „Die Spieler müssen das Gefühl haben, dass die Fans hinter ihnen stehen". Dann ist ein Outing möglich. Im Moment ist an ein Outing der Spieler jedoch nicht zu denken. Wie beschrieben ist das Thema Homophobie bei allen Beteiligten noch zu präsent. Ein Bekenntnis der Spieler wäre für diese nicht kalkulierbar, deshalb verbergen sie ihre

Sexualität um ihr Privatleben und die Karriere zu schützen. Erst wenn sie das Gefühl haben, dass die Fans hinter ihnen stehen ist die Zeit für ein Outing bereit. Die Initiative der Hertha Junxx ist ein erster Schritt in diese Richtung.

c. Verbände

Der DFB ist mit sechs Millionen Mitgliedern der größte Sportverband der Welt. Dennoch schafft er es nicht homophobe Äußerungen in deutschen Stadien zu untersagen. Theo Zwanziger verschärft in seiner Anti-Homophobie-Kampagne seine Arbeit. Im Interview mit dem Stern (2009) bekräftigt er:

> *„Wenn wir Robert Enke gerecht werden wollen, müssen wir dazu kommen, dass im Fußball jeder ohne Angst leben kann. Mit seinen Stärken, Schwächen und Neigungen"*

Dennoch hat der DFB noch einen weiten Weg vor sich. Beispielhaft sei ein Aktionsabend in Berlin genannt. Zu dieser Veranstaltung waren laut Haller (2010, S. 7) auch der DFL und die Vereine eingeladen. Thema war der Umgang mit homophoben Äußerungen im Fußball. Zur Veranstaltung erschienen die Vereine jedoch nicht. Dies zeigt, dass nicht alle Institutionen bei diesem kritischen Thema Hand in Hand arbeiten und es eindeutig Verbesserungsmöglichkeiten gibt. Außerdem ist es für die Wahrnehmung in der Öffentlichkeit kontraproduktiv, wenn der DFB einen Aktionstag zu dem brisanten Thema veranstaltet, wichtige Instanzen wie Vereine oder der DFL sich aber nicht beteiligen. Dies könnte zu dem Schluss führen, dass keine Veranlassung bestehe, eine Lösung zu finden.

Würden alle Beteiligten das gleiche Ziel verfolgen, wäre ein erfolgreiches Outing in naher Zukunft viel wahrscheinlicher. Der englische Fußballverband, die Football Association (FA), ist laut Klein (2005) in diesem Punkt schon einen Schritt weiter. Er toleriert homophobe Äußerungen im Stadion nicht. Wer also Spieler, Schiedsrichter oder gegnerische Fans als „proof" (Schwuchtel) beleidigt, muss mit einem Stadionverbot und einer Anzeige rechnen. Dieser Weg scheint der richtige im Umgang mit homophoben Äußerungen zu sein. Es muss den Fans im Stadion klar werden, dass Schmähungen gegenüber Spielern, Fans und Schiedsrichter absolut nicht toleriert werden und dies auch zu schmerzhaften Konsequenzen führt.

d. Vereine

Für den Großteil der Spieler stellt der Verein lediglich den Arbeitgeber da. Hier kann es, wie bei allen Arbeitgebern, zu unterschiedlichen Verhaltensstrukturen kommen. Die Spanne reicht von einer vertraulichen und absolut freundschaftlichen, bis hin zu einer rein arbeitsbezogenen und oberflächlichen Arbeitsstruktur. Laut Haller (2010, S. 9) würde in der heutigen Zeit kein Verein mehr einen Spieler fallen lassen, der sich outen würde. In der heutigen Zeit sind, auch durch den Selbstmord von Robert Enke, die Werte und Moralvorstellung in den Vereinen in Deutschland so weit ausgeprägt, um hinter dem Spieler zu stehen. Die Vereine würden dem Spieler hier Hilfestellungen und Akzeptanz entgegenbringen.

Vereine anderer Länder haben den deutschen Vereinen im Hinblick auf diese Problematik dennoch Einiges voraus. Manchester City beispielsweise, ein englischer Verein, der in den Medien oft kritisch hinterfragt wird, da er seine Mannschaft mithilfe Gelder eines Scheichs finanziert und so scheinbar unerschöpfliche finanzielle Mittel in den Wettbewerb bringt, nimmt beim Thema „Homosexualität im Profifußball" eine Vorbildfunktion ein. Lück und Schäfer (2006, S.25) legen dar, dass Manchester City eine Charta unterschrieben hat, die den Verein zu einem „gay friendly"-Klub macht. Hierfür zahlen sie eine sechsstellige Summe an Stonewall, eine Organisation aus London. Stonewall unterstützt die Schwulen und Lesben und gilt als einflussreiche Organisation. Manchester City lädt homosexuelle Fans ins Stadion ein und stellt bewusst homosexuelle Mitarbeiter beim Verein an. Homophobe Äußerungen werden im Stadion nicht geduldet und mit einem Stadionverbot geahndet. Jedoch ist diese offensive Einstellung zum Thema nahezu einzigartig.

Das Thema Homosexualität genießt in Deutschland jedoch noch nicht denselben Stellenwert wie Rassismus, dem die Vereine absolut den Kampf angesagt haben und bei dem laut Lück und Schäfer (2006, S. 24) Theo Zwanziger kein Blatt mehr vor den Mund nimmt.

Spannend ist am Rande auch, die Begründung der FIFA, wieso sich die Spieler auf dem Platz nicht küssen dürfen. Durch das Verbot möchte die FIFA Geschlechtskrankheiten verhindern. In der Zeitschrift Rund (2006, S. 24) weißt Franco Grillini, Abgeordneter des italienischen Parlaments, diese Begründung vehement zurück. Grillini begründet, dass durch Küssen keine Geschlechtskrankheiten übertragen werden. Grillini deutet an, dass auf diesem Weg die Angst vor Homosexuellen verstärkt werden soll. „Fußball ist nun einmal der größte Triumph des Männlichkeitskults, der höchste Ausdruck des Machogehabes" so Grillini (2006, S. 24). Eine genaue Einschätzung kann an dieser Stelle nicht getroffen werden, jedoch wird diese Begründung auch von anderen Experten wie Tanja Walther-Ahrens (siehe oben) geteilt. Der nächste Einflussfaktor, der an dieser Stelle behandelt wird, ist der Kreis der Spieler.

e. Spieler

Haller (2010, S. 10) vergleicht die Spieler mit der allgemeinen Arbeitswelt. So sind die Mitspieler auch Mitarbeiter eines Unternehmens, hier des Vereins, und haben somit einen großen Einfluss auf die Geschehnisse und das Miteinander im Alltag. In den meisten Fällen sehen sich die Spieler sieben Tage in der Woche. So liegt es nahe, dass falls jemand einen oder mehrere homosexuelle Spieler im deutschen Profifußball kennt, es die Spieler selber sein müssten. Folglich stehen die Spieler im Mittelpunkt der Medien. Jeder Nachrichtendienst möchte der Erste sein, der über einen homosexuellen Spieler berichten kann. Die Spieler behandeln das Thema sensibel. Ihnen ist klar, dass ein Outing weitreichende Folgen haben kann. Wie schon beschrieben ist es nicht ersichtlich, in welchem Rahmen sich ein Outing auf das Privatleben des Einzelnen, der Familie und der Angehörigen auswirkt. Auch wird deutlich, dass der erste Spieler, der sich outet, ganz besonders im Fadenkreuz der Medien stehen wird. Philip Lahm, erster Nationalspieler der sich zum Thema Homosexualität geäußert hat, erklärt im Stern (2010) „Der Punkt ist: In der Bundesliga wäre er der Erste. Er würde sich exponieren, das mediale Interesse wäre groß und wie ginge die Geschichte weiter? Bei Auswärtsspielen unterstützen die Fans ihre Mannschaft extrem, und da geht es nicht immer politisch korrekt zu. Es wird nach den Schwächen der einzelnen Spieler gesucht, und damit muss sich dann die ganze Mannschaft auseinandersetzen". Weiter sagt er: „wenn ein Spieler schwul ist, ist er trotzdem mein Mannschaftskollege, und für mich würde sich im Umgang mit ihm nichts ändern". Auch den Spielern ist bewusst, welchen großen Einfluss die Faktoren Fans und Medien haben. Lahm sieht darin auch einen Einfluss, der sich auf die komplette Mannschaft auswirkt. In seiner zweiten Aussage bekräftigt Lahm, dass es für ihn keinen Unterschied macht, ob ein Spieler hetero- oder homosexuell ist. Diese Einstellung ist positiv, Philipp Lahm äußert sich dazu Nationalmannschaftskapitän und solch eine Aussage wird geradezu von ihm erwartet. Dennoch macht sie Spielern Mut, die vor einem Outing stehen. Haller (2010, S. 10) zeigt uns Beispiele internationaler Ligen auf, in denen Spieler offener mit der Thematik umgehen. So ist Alberto Gilardino mächtig stolz darauf von der italienischen Schwulenvereinigung zum Sexsymbol gewählt worden zu sein. Ein weiteres Beispiel kommt aus Frankreich. Vikash Dhorasoo, französischer Nationalspieler, ist Schirmherr für den schwulen Fußballklub Paris Foot Gay. Diese Initiativen sind positiv zu nennen und wirken sich ebenfalls auf Wahrnehmung der Thematik aus. In wie weit diese Spieler in deutschen Stadien mit homophoben Äußerungen diskriminiert würden, ist nicht abzuschätzen. Das nächste Kapitel zeigt jedoch deutlich wie manche Meinungsmacher im Fußball immer noch zu der Thematik stehen.

9. Die Meinungsmacher des Profifußballs im Fokus

Eine mögliche Ursache, die verhindert, dass sich Spieler outen, sind sicherlich auch die Meinungsmacher des deutschen aber auch internationalen Fußballs. Hierbei handelt es sich um ehemalige und aktive Spieler, Funktionäre und Trainer. Laut Blascke (2008, S. 10.) ist die Liste derer, die diskriminierende und intolerante Zitate mit homophoben Inhalten in die Öffentlichkeit geben lang.

Da der Profifußball in Deutschland eine große Aufmerksamkeit genießt, werden diese Zitate veröffentlicht und tragen zu dem Stimmungsbild im Stadion (siehe Kapitel 8) bei. Homosexuelle Spieler könnten fürchten, Zielscheibe für Diskriminierung und Intoleranz zu werden und outen sich möglicherweise auch aus diesem Grund nicht.

Im folgenden Abschnitt sind Zitate mit diskriminierenden und intoleranten Inhalten aufgelistet, die auch auf die Stimmungslage der Fans und insbesondere homosexueller Spieler einwirken.

- Frank Rost (ehemaliger Torwart des HSV):

  „Ich dusche immer mit dem Arsch zur Wand"
  (Blaschke, 2008, S. 10).

- Rudi Assauer (ehemaliger Manager von Schalke 04) zu einem Masseur:

  „Junge, tue dir einen Gefallen und suche dir einen neuen Job"
  (Walther-Ahrens, 2011, S.7).

- Peter Jannson (schwedischer Fußballer):

  „Ich bin einer, der versteckten, einer der gar nicht existiert. Es ist mir nicht erlaubt Sport unter denselben Umständen zu genießen, wie alle anderen"
  (Walther-Ahrens, 2011, S.7).

- Otto Baric (ehemaliger Teamchef der Kroatischen Nationalmannschaft):

  „Homosexualität ist abnormal. Ich werde niemals Homosexuelle in mein Team berufen"
  (Walther-Ahrens, 2011, S.7).

- Corny Littman (Präsident des FC St. Pauli, bekennender Homosexueller):

„Ich würde keinem Profi raten, sich zu outen. Der soziale Druck wäre nicht auszuhalten"
(Walther-Ahrens, 2011, S.7).

- Mario Basler (ehemaliger Nationalspieler) zum Thema homosexueller Spieler:

„Gibt es nicht, sag ich nichts zu. Gibt es nicht. Es gibt keine schwulen Fußballer"
(Walther-Ahrens, 2011, S.10).

Diese ausgewählten Aussagen lassen sich beliebig ergänzen und zeigen, wie intolerant teilweise das Thema Homosexualität im Profiberreich behandelt wird. Es kann gesagt werden, dass dies nur wenige Meinungen sind in Bezug auf die große Anzahl an Fußballern und Funktionären. Wie schon erklärt, findet das Thema „Homosexualität im Profifußball" immer mehr den Weg in die Medien. So schaffen es diese Zitate einen großen Druck auf die Beteiligten auszuüben und so ein Outing zu verhindern. Selbst der bekennende, homosexuelle Präsident des FC St. Pauli, Corny Littmann, rät den Spielern ab sich zu outen. Wie können also homosexuelle Spieler den Weg in die Öffentlichkeit wagen, wenn die Beteiligten selbst, z.B. der kroatische Nationaltrainer, durch homophobe Äußerungen Druck ausüben und somit ein Outing verhindern?

Laut Theo Zwanziger, ist die größte Angst homosexueller Spieler, das zu verlieren, was ihnen so viel bedeutet (Walther-Ahrens, 2011, S.9). Ihre Karriere und ihr privates Leben. Solange diese homophoben Aussagen von den meinungsstarken Akteuren in der Öffentlichkeit geäußert werden, ist ihre Angst begründet.

10. Beispiele für Homosexualität im Sport

Natürlich ist der Fußball nicht der einzige Sport, bei dem Homosexualität, egal ob bei Männern oder Frauen, diskriminiert wird. Tanja Walther-Ahrens zeigt in ihrem Buch „Seitenwechsel – Coming-out im Fußball" (2011, S. 68 – 69) Beispiele aus anderen Sportarten auf, die zeigen, dass Diskriminierung im Sport ein weitgefächertes Problem darstellt. Der Sport wirbt mit Fairplay, mit Achtung und Respekt dem Gegner gegenüber. Doch die folgenden Beispiele zeigen, dass Homophobie ein Problem darstellt, das weit verbreitet ist. Die Beispiele sind chronologisch geordnet.

-   1995 wurde Peter Karlsson auf dem Weg von der Disco nach Hause erstochen. Karsson war ein in Schweden bekannter Eishockeyspieler. Eine Woche später bekannte ein 19- Jähriger, dass Karlsson ihn nach einem Date gefragt habe und er diesen daraufhin erstochen habe. In diesem Zusammenhang kam Karlssons Homosexualität erstmals an die Öffentlichkeit.

-   Der SC Janus Köln ist ein bekennendes lesbisches Handballteam. 1997 weigerte sich nach dem Spiel die gegnerische Mannschaft mit den Frauen zusammen zu duschen.

-   Im selben Jahr wurde einer Tennislehrerin für Kinder empfohlen, ihren Beruf aufzugeben, als ihre sexuelle Neigung bekannt wurde.

-   1998 verweigert der Westdeutsche Basketball Verband dem lesbischen Sportverein Weiberkram Düsseldorf die Aufnahme, weil der Verein in seiner Satzung dem Ziel nachstrebt, die lesbische Emanzipation und Sichtbarkeit im Sport voranzutreiben.

-   Ein weiteres Beispiel ist der schwule Schwimmverein Homo, der seine Trainingszeiten ändern muss, weil andere Gruppen nicht mit Homosexuellen gleichzeitig schwimmen wollen.

-   Anfang 2000 küsst ein Handballer auf einer Weihnachtsfeier seine Freundin. Diese Handlung ruft bei der Feier keinerlei Reaktionen auf. Einer lesbischen Spielerin wird jedoch gedroht, sie aus dem

Team auszuschließen, wenn sie nochmals in der Öffentlichkeit ihre Partnerin küssen sollte.

- Ein lesbisches Paar muss 2006 den Verein verlassen, weil der Trainer keine lesbischen Spielerinnen in der Mannschaft trainieren möchte.

- Arek Onyzsko, ehemaliger Torwart des dänischen Fußball Erstligisten FC Midtjylland schrieb in seiner Biographie „Ich hasse Schwule, ich tue es wirklich" (Walther-Ahrens, 2011, S. 70).

Diese Beispiele lassen sich ebenfalls beliebig weiterführen. Sie sollen aufzeigen, dass Homophobie im Fußball sowie im gesamten Sport auftritt und nicht geleugnet werden kann. Der Eishockeyspieler Peter Karlsson bestätigt den Punkt, dass das Männerbild im Sport (siehe Kapitel 5.) eine wichtige Rolle spielt. Eishockey ist, wie der Fußball, eine sehr körperbetonte Sportart. Für viele Fans, Aktive und Funktionäre ist Homosexualität hier undenkbar. Der Fall des SC Janus aus Köln oder der Schwimmverein Homo bestätigt die Vorurteile und Klischees, die auch in Kapitel 3.2 schon genannt wurden. Auch die Aussage von Frank Rost, er dusche nur mit dem Rücken zur Wand, passt hier genau. Dass ein in der Öffentlichkeit stehender Fußballprofi, der ein Idol und Vorbild für die Fans sein sollte, eine solche diskriminierende Aussage trifft, ist untragbar. Auch sollte man bedenken, welchen Druck die schwulen Spieler haben müssen, die in einer Fußballmannschaft spielen, in der solche Äußerungen gemacht werden. Ein Outing wird nach diesen homophoben Aussagen von Sportlern, die in der Öffentlichkeit stehen, ein schwieriges und psychisch belastendes Anliegen.

11. FARE, BAFF und die Rainbow Borussen

In diesem Kapitel wird die Arbeit in den Fanclubs sowie der großen Netzwerke BAFF und FARE erörtert. In Deutschland sowie international gibt es diverse Fangruppierungen, die bewusst angeben homosexuelle Inhalte zu haben. Natürlich werden hier heterosexuelle Fans nicht ausgeschlossen. Beispiele sind hier z.B. die Stuttgarter Junxx, Blaue Engel Bielefeld, Blue Pride Hamburg, Queerpass St. Pauli, die Hertha Junxx, international queerpass Basel oder FC Barcelona LGBT Fanclub. Sie kommunizieren unter anderem über das Netzwerk Queerfootballfanclubs und möchten zeigen, dass Homosexualität im Sport nichts Ungewöhnliches darstellt. Das europäische Netzwerk FARE (1999) (Football against Racism in Europe) engagiert sich ebenfalls mit den Fangruppierungen und Fans vereinsübergreifend und hat folgende Punkte als Leitsatz zusammengefasst:

- „Das Engagement im Kampf gegen den Rassismus auf allen Ebenen des Profi- und Amateurfußballs in ganz Europa zu fördern - in den Stadien, auf dem Platz, in Verwaltung, beim Training und Sportunterricht sowie in den Medien

- Das Bewusstsein der Fußballgemeinschaft für das integrative Potenzial des Fußballs zu schärfen und Spieler, Vereine, Verbände, Fans, Trainer, Funktionäre, Schiedsrichter, Journalisten und Politiker zu ermutigen, aktiv gegen Diskriminierung vorzugehen

- Die Vernetzung zu fördern und sich mit einer Reihe von Partnern über die Ländergrenzen hinweg über bewährte Praktiken auszutauschen

- Maßnahmen für Kompetenzaufbau und Stärkung marginalisierter und diskriminierter Gruppen, insbesondere Jugendlicher, Migranten und ethnischer Minderheiten zu ergreifen“.

FARE hat es geschafft sich in 37 Ländern und über 700 Initiativen zu vernetzten, um der Diskriminierung entgegenzutreten. Für dieses Unterfangen hat FARE die Unterstützung der UEFA und FIFA. FARE ist ein wichtiger Faktor bei dem Thema „Homosexualität im Profifußball", da dieses Netzwerk immer weiter ausgebaut wird und die Akzeptanz weiter steigt.

Das zweite Große Netzwerk, welches sich das Ziel gesetzt hat, Diskriminierung und Rassismus beim Fußball zu verhindern ist BAFF (Bündnis aktiver Fußballfans). BAFF möchte den Fußball als Stadionerlebnis mit einem großen Integrationsfaktor erhalten und wehrt sich vereinsübergreifend gegen eine Kommerzialisierung. BAFF ist deutschlandweit vernetzt.

Als Beispiel für die homosexuell geprägten Fanclubs stehen die Rainbow Borussen. Der folgende Abschnitt bezieht sich auf ein Interview mit dem Sprecher des Fanclubs. Dieser lehnte eine Aufzeichnung des Gespräches ab.

Die Rainbow Borussen weisen darauf hin, dass Homosexualität und Fußball keinen Widerspruch bedeutet. Dies möchten sie durch ihre Aktivitäten aufzeigen. Der Fanclub Rainbow Borussen wurde am 20. Februar 2004 gegründet und macht deutlich, dass neben den homosexuellen Fans besonders auch heterosexuelle willkommen sind. Es wird kein Unterschied zwischen den Geschlechtern oder Neigungen gemacht. Im Fanclub sind 24 Fans aktiv. Im Interview wurde deutlich, dass die Aufgabe des Fanclubs darin besteht, miteinander den Fußball zu erleben. Das Verhältnis zum Verein wird als fürsorglich beschrieben, die Betreuung ist sehr kooperativ. Explizit weist der Fanclub darauf hin, dass Homophobie im Stadion nur ein Thema von vielen ist. Jedoch sei es wichtig, Klischees aufzubrechen, um ein besseres Miteinander zu erreichen. Das Verhältnis zu anderen Fanclubs in Deutschland und international wird als sehr positiv beschrieben, es sind natürlich nicht nur homosexuelle Fangruppierungen vernetzt. Im Stadion selber erleben die Rainbow Borussen keine gegen sie gerichteten homophoben Äußerungen. Der Sprecher der Rainbow Borussen macht deutlich, dass das menschliche Nebeneinander und das Wahrnehmen des Einzelnen im Vordergrund stehen sollten. Bis jetzt wurden die Rainbow Borussen erst einmal mit homophoben Äußerungen konfrontiert. Vor einem Spiel gegen Borussia

Mönchengladbach schrieben gegnerische Fans diskriminierende Äußerungen wie: „Was haben eine Schrotflinte und ein schwuler gemeinsam? Beide muss man knicken und von hinten durchladen" in ein Gästebuch. Positiv ist hier zu nennen, dass dies nur vereinzelte Anfeindungen waren, der Großteil der User distanzierte sich von ihnen oder bestärkten die Rainbow Borussen in ihrem Vorhaben. Auf die Frage hin wie die Fans auf ein Outing eines Spielers reagieren würde, wurde gemutmaßt, nur die gegnerischen Fans würden dies wohl ausnutzen um den Spieler zu diskriminieren. Hier müsste die Öffentlichkeit mit Sanktionen reagieren. Immer wieder wurde im Gespräch betont, dass Homophobie nur ein Thema von vielen sei und sich jeder Mensch selber reflektieren müsste. So könnte ein Mensch Diskriminierungen im Sprachgebrauch nutzen, ohne den Inhalt moralisch zu teilen. Ein wichtiger Schritt sei es, Vorurteile abzubauen und gemeinsame Ziele und Themen zu finden. Der Sprecher der Rainbow Borussen betont, dass das Thema Homosexualität im Fußball zu sehr im Fokus steht, die Medien warten regelrecht auf ein Outing. So soll es nicht sein. Die betroffenen Spieler dürften sich outen, müssten es jedoch nicht. Ein Outing würde im Fußball Konsequenzen haben, im Moment ist der Fußball in Deutschland aber noch nicht so weit. Tholl (2006) betont, dass die Rainbow Borussen in ihrer Außendarstellung „als Zeichen gegen homophobe Tendenzen" zu sehen sind und bei den großen Verbänden, wie den DFB gegen ein „Totschweigen des Themas" argumentieren. Schwerpunkt der Rainbow Borussen ist hier jedoch nicht Politik zu betreiben, sondern wie alle anderen Fans den Fußball zu genießen. Egal ob mit hetero- oder homosexuellen Fans.

12. Der Fall Marcus Urban

Der Fall Marcus Urban kann als Beispiel dafür dienen, wie sich das Verstecken der sexuellen Neigung in der Welt des Profifußballs auf die eigene Psyche und das Verhalten in der Gesellschaft auswirken kann. Laut Ronny Blaschke (2008, S. 9) ist Marcus Urban ein ehemaliger Profifußballer und stand Anfang der neunziger Jahre sportlich kurz vor einem Wechsel in die zweite Liga. Die Trainer bescheinigten ihm ein großes Talent. Das folgende Kapitel soll nicht als Buchzusammenfassung dienen, sondern dem Leser einen fachkundigen Einblick in die Thematik geben.

Marcus Urban lebte in seiner Kindheit in Weimar bei seiner Mutter und seinem Stiefvater. Schon zu Anfang des Buches wird deutlich, welchen Stellenwert der Fußball in seinem Leben einnimmt. Marcus Urban sieht sich als Künstler am Ball, dem niemand auf dem Spielfeld etwas anhaben kann.

Sportlich verbesserte sich Marcus Urban immer mehr, trainierte hart für seinen großen Wunsch Fußballprofi zu werden. Die Kinder- und Jugendsporthochschule in Erfurt wurde schließlich auf sein Talent aufmerksam und nahm ihn in ihr Sportinternat auf. Die besten Abschlussschüler und Spieler hatten die Chance, Profis bei Rot Weiß Erfurt zu werden. Nach einiger Zeit bezeichnete ein Trainer Marcus Urban als große Nachwuchshoffnung der DDR.

Im Nachfolgenden beschreibt Blaschke, wie der Fußball immer mehr zum Mittelpunkt in Urbans Leben wurde. Durch die Fokussierung auf den Fußball nahm er in Kauf, andere Freizeitaktivitäten zurückzuschrauben und die sozialen Kontakte nicht mehr zu pflegen

Blaschke (2008, S. 33) erörtert im Buchkapitel „Herzklopfen an der Weltkarte" Urbans erste intimeren Gedanken zu einem Mann. Herr Behrens, Lehrer der Geografie, wirkte auf Urban schon ab der ersten Stunde anziehend. In dieser Zeit kann er dieses Gefühl noch nicht einordnen, erinnert sich jedoch, dass sein muskulös gebauter Onkel dieselbe Faszination auf ihn auswirkte. An dieser Stelle fragt sich Urban das erste Mal, ob er homosexuell sein könnte.

Marcus Urban definiert sein Selbstbewusstsein ausschließlich über den Fußball, möchte dieselbe Karriere wie Ausnahmespieler wie Diego

Maradona oder Pélé führen. Dieser Aspekt lässt ihn nicht zur Ruhe kommen, genauso wenig wie die Frage ob er auf Männer oder Frauen steht. In jener Zeit spielt Urban sein erstes Spiel für die Auswahlmannschaft der DDR.

Für Urban wurde es immer deutlicher, dass er homosexuelle Neigungen hat. Er überlegt, wie er mit der Situation umgehen soll, denn für ihn ist es deutlich, dass Fußballprofis nicht homosexuell sein dürfen. Der psychische Druck auf Marcus Urban nahm ständig zu, die Gewissheit im Training und Spiel die eigenen Bedürfnisse zu verstecken und mit den Gefühlen überfordert zu sein, ließen den Gedanken, „krank" zu sein, in ihm wachsen (Blaschke, 2008, S. 40). In seiner Jugendzeit schaffte Urban es ein einziges Mal sich zu einem Outing zu überwinden. Auf dem Weg zum Training gestand er einem Mitspieler schwul zu sein. Dieser nahm ihn jedoch nicht ernst und lachte darüber. Diese Reaktion nahm ihm den letzten Mut und er schaffte es in seiner Zeit als Profi nicht mehr, sich zu outen.

In nächster Zeit veränderte sich Urban, um nicht als homosexuell erkannt zu werden. Er erzählte in der Kabine von seinen imaginären Eroberungen, wurde auf dem Fußballplatz in den Zweikämpfen ruppiger. Unter diesem Versteckspiel litt seine Leistung, er wurde nicht mehr für die Nationalmannschaft vorgeschlagen. Im Folgenden beschreibt Urban eine Aggression, die er in dieser Zeit gegenüber seinen getrennten Eltern, gegen seine Sexualität und gegen sich entwickelte (Blaschke, 2008, S. 53).

Um diesen Aggression zu entgehen, entwickelte er die Phantasie, sie in sexuellen Erfahrungen mit Frauen verarbeiten zu können. Die Erfahrungen, die Urban mit Frauen sammelte bestärkte ihn jedoch darin homosexuell zu sein. Seine Leistung nahm immer mehr ab.

Der Mauerfall sorgte schließlich dafür, dass sich das Sportinternat auflöste und Urban zurück nach Weimar ging. Urban entschied sich dazu zu studieren und Fußball ausschließlich als Hobby zu betreiben. Seine Sexualität versteckte Urban weiterhin. Als die Chance für einen Studentenaustausch nach Neapel bestand, sagte er direkt zu. In Neapel freundete er sich mit einem Barkeeper an und besuchte diesen schließlich täglich. In Neapel bekam Urban seine letzte Chance als Profi aufzulaufen. Aufgrund seiner psychischen Verfassung reiste er jedoch wortlos aus Neapel ab. Dieser Schritt machte Urban deutlich, dass der Weg zu einem

Psychologen unausweichlich war. Bei diesem machte Urban nach Monaten erste Erfolge, seine Aggressionen wurden schwächer.

Nachfolgend lernte Urban Richard, einen Bademeister, kennen (Blaschke, 2008, S. 88). Mit Richard freundete sich Urban an, er erlebte seine ersten sexuellen Erfahrungen mit einem Mann. Diese bestärkten ihn in der Gewissheit homosexuell zu sein. Diese Erfahrung stärkte Urban, er fand den Mut sich zu outen. Seine Freunde in der Uni bekräftigten ihn in seinem Entschluss.

Der Rest des Buches beschreibt, wie Urban eine weitere Zahl an Partnern kennenlernt und die Beziehungen entweder an dem bekannten Verstecken der Partner oder der Unzufriedenheit und Unsicherheit Urbans scheitern. Urban beschreibt, dass er die Aggressionen bis zum jetzigen Zeitpunkt nicht abschließend verarbeiten konnte, dass das Outing ihn jedoch auf den richtigen Weg brachte. Positiv wirkte sich die Entscheidung seines Heimatvereines aus, ihn spielen zu lassen. Dies stärkt Urban in seiner Persönlichkeit nachhaltig. Nur seine spielerischen Fähigkeiten stehen im Vordergrund, nicht seine Neigung. Urban vollendete sein Diplom für Stadt- und Regionalplanung und eröffnete im Anschluss ein Atelier, in dem er selbstgestaltete Werke ausstellte.

Im Anschluss nahm Urban an den EuroGames in Zürich teil, einem Fußballturnier für Homosexuelle. Marcus Urban spricht oft in Talkshows über seine Leidenszeit und möchte mit seinem Buch Aufklärungsarbeit zu dem Thema „Homosexualität im Profifußball" leisten.

Homosexuelle Fußballer quälen sich

Ein Unterdrücken der eigenen sexuellen Neigung kann sich nachteilig auf das eigene Wohlbefinden der Menschen auswirken, wie dies beispielhaft im Falle von Markus Urban aufgezeigt wurde. Das Kapitel „Coming-out" bekräftigt, wie wichtig ein Outing in diesem Bezug für die Menschen ist. Das Verstecken der Neigung hat Urban womöglich eine Karriere im Fußball gekostet. Da er seinen Charakter für den Fußball verändern musste, verrückte sich sein Fokus, weg vom Fußball. Den Mut sich zu outen, wurde von seinem Mitspieler nicht ernst genommen. Hier kann eine Verknüpfung mit dem Kapitel „Männerbild im Fußball" hergestellt werden. Da der Fußball in der Öffentlichkeit als Männerdomäne gesehen wird, ist für viele eine mögliche Homosexualität utopisch. Diese Reaktion nahm Urban die letzte Kraft. Seine Zweifel und das Versteckspiel sorgten dafür, dass er

Aggressionen entwickelte, die er gegen sich und andere richtete. Den Fall „Marcus Urban" kann auf andere Fälle übertragen, jedoch nicht pauschalisiert werden.

Der Sport und die damit verbundene Möglichkeit durch eine Fußballkariere „das große Geld" zu verdienen, stehen bei vielen im Fokus. Eine Homosexualität, die sie nicht ausleben und die eine bewusste Veränderung des Charakters herbeiführen kann, steht diesem Wunsch im Weg. Es kann also eine Situation entstehen, in der der Spieler enorm unter Druck steht. Das Männerbild im deutschen Fußball, sowie die Meinungsmacher verstärken diesen Aspekt weiterhin. Natürlich wird es Menschen geben, die diesem Druck standhalten, beziehungsweise denen er nichts ausmacht. Dennoch ist es wichtig zu verstehen, unter welchem Druck die Spieler und besonders die privaten Menschen dahinter stehen. Walther- Ahrens (2011, S. 95) vermutet ebenfalls, dass sich das Verstecken der Neigung auf die Identität der Menschen auswirkt. Sie stellt weiterhin die These auf, dass sich die Spieler eine Zweitidentität mit Frau und Kindern aufbauen, um ihre Homosexualität in der Gesellschaft nicht zu zeigen. Für diesen Zweck soll ein besonderer Escort–Service dienen, der sich auf Begleitungen für Fußballspieler spezialisiert hat (2011, S. 95). Es wird deutlich, unter welchem äußeren Druck die Spieler stehen müssen.

Wichtig wird es sein, die vorhanden Klischees zu entkräften und besonders der Gesellschaft zu verdeutlichen, welchen Einfluss eine Unterdrückung der eigenen Identität auf den Mensch haben kann. Der Fall Markus Urban ist ein erster Schritt auf diesem Weg.

Homosexuelle Fußballer erkennen?

Urban versuchte anhand von überhartem Zweikampfverhalten und einem rauen Verhalten, gepaart mit Erzählungen über seine weiblichen Eroberungen, seine homosexuellen Neigungen vor den Mitspielern und besonders der Öffentlichkeit zu verstecken (2008, S. 52). Dies wirft die Frage auf, ob homosexuelle Fußballer anhand ihres Verhaltens zu erkennen sind. Die vorhandene Literatur gibt hierauf keine genaue Antwort. Im „Schweigen der Männer" von Leibfried und Erb (2011) wird auf den Journalisten Aljoscha Pause verwiesen, der für den Sportsender DSF (heute: Sport1), die Dokumentation „Tabubruch - Der neue Weg von Homosexualität im Fußball" entwickelt hat. Dieser argumentiert, dass die homosexuellen Spieler nicht unter den sanften, filigranen Sportlern, sondern unter den rauen, hart spielenden Profis zu finden seien. Diese These ist jedoch sehr gewagt und nicht wissenschaftlich fundiert.

Das Argument, anhand der Spielweise seine Neigung zu verstecken und als besonders männlich zu wirken deckt sich mit den Kapiteln „Männerbild im Fußball" und „Klischees". Jedoch ist hier eine Pauschalisierung zu vermeiden, denn ansonsten würde das nächste Vorurteil entstehen. Es dürfte nicht möglich sein, anhand der Spielweise eines Fußballers zu erkennen, ob dieser denn hetero- oder homosexuell ist.

13. Umfrage Amateurfußball

Natürlich gibt es nicht nur im Profibereich sondern auch im Amateurfußball homophobe Äußerungen. Außerdem stellen die Amateurfußballer einen großen Teil der Fans, die an den Spieltagen ins Stadion gehen. Das folgende Kapitel untersucht anhand eines selbst und speziell für diese Thematik entwickelten Fragebogens (siehe Anhang) den Umgang der Spieler mit dem Thema Homosexualität im Umfeld des Fußballsports.

Den Fragebogen füllten 100 Spieler, Trainer oder Funktionäre der in Ratingen ansässigen Vereine SC Rot Weiß Lintorf 1928 e.V. und TuS Breitscheid 1972/89 e.V. aus. Die Stadtteile Breitscheid und Lintorf haben eine gewachsene soziale Struktur, soziale Brennpunkte sucht man hier vergebens.

Beteiligt haben sich jeweils die A- Jugend, die „Erste" und die „Zweite" Mannschaft. Beide Vereine gehören dem Fußballverband Niederrhein, Kreis 1, Düsseldorf an.

Der Fragebogen spiegelt die Haltung der Amateurspieler zum Thema „Homosexualität" wider. Die Umfrage zeigt Tendenzen auf, kann jedoch bei der Auswertung von 100 Fragebögen nicht als repräsentativ bezeichnet werden

Der Fragebogen umfasst fünfzehn Unterpunkte, bei denen der Befragte vorgegebene Antworten zu bestimmten Fragen oder Thesen auswählen konnte.

Im Folgenden werden die Thesen und Fragen sowie deren Antwortverteilung in Prozent aufgeführt. Besonders auffallende Ergebnisse werden nachfolgend herausgestellt.

Das Alter sowie die Funktion im Verein bleiben unberücksichtigt, denn in Bezug auf das Fanverhalten kann gesagt werden, dass in einem Stadion ebenso alle Schichten sowie Altersstrukturen vertreten sind.

Besonders hervorzuheben sind folgende Punkte:

- Zuerst wird deutlich, dass nach Ansicht der Befragten homosexuelle Menschen in Deutschland mehr Probleme haben als heterosexuelle. 90% der Befragten sind dieser Meinung. Dies würde sich mit der Annahme decken, dass homosexuelle Spieler nicht dieselben Chancen bekommen würden.

- Immerhin 40% denken, dass schwule Männer schwächer sind als heterosexuelle. Dies lässt sich mit dem Aspekt der Klischees verbinden, die in den Köpfen vieler Menschen verankert sind.

- 34% wäre es unangenehm, mit schwulen Spielern in einer Mannschaft zu spielen, gemeinsames Duschen fällt hier mit 37% ins Gewicht.

- Bemerkenswert ist die Antwortverteilung auf die Frage, welche Auswirkung ein Outing für einen Profispieler haben könnte. Hier halten sich die Antworten die Waage, 51% denken, dass der Spieler keine Probleme haben würde, 49% vermuten das Karriereende.

- 78% definieren Äußerungen im Stadion wie „schwules Schwein" oder „ihr seid alle homosexuell" als Emotionen, nur 22% empfinden dies als schwulenfeindlich. Bedenkt man den relativ hohen Bildungsstand der Befragten – über 80% gehen aufs Gymnasium, haben Abitur oder studieren – so überrascht dies umso mehr. Gerade dieser Personenkreis würde sich außerhalb der Stadien nicht in der Form äußern. Hier sollte die Öffentlichkeitsarbeit ansetzen um die Fans zu sensibilisieren.

- Ebenfalls Unklarheit kam bei der Frage auf, ob das Thema Homosexualität in den Medien mehr thematisiert werden sollte. 55 % verneinten diese Frage. Dies würde bedeuten, dass die Mehrzahl aller eine Berichterstattung zum Thema nicht wünscht beziehungs- weise der Rahmen nicht verändert werden sollte.

- 57% der Befragten sind der Meinung, dass Homosexualität im Profifußball denkbar ist, 22% halten dies für undenkbar, da Fußball ein Männersport ist. Im Gegensatz hierzu besteht die Meinung, dass Lesben im Frauenfußball eher denkbar sind, als Schwule im Männerbereich.

Abschließend kann gesagt werden, dass Klischees eine wichtige Rolle bei der Bewertung des Themas darstellen. Der überwiegende Teil der Befragten ist tolerant und einem Outing gegenüber offen eingestellt. Positiv ist anzumerken, dass 80% Äußerungen, wie die des kroatischen Nationaltrainers Otto Baric und die von Rudi Assauer, nicht teilen (siehe Kapitel 10). Dies zeigt, dass ein sensibler Umgang mit dem Thema möglich ist.

Nachfolgend ist der ausgewertete Fragebogen abgebildet:

Ich bin: Spieler ☐   Trainer ☐   Betr./Orga ☐   *Angabe ist freiwillig*

Alter: 16-20 [42]   21-25 [30]   26-30 [8]   31-35 [7]   über 35 [13]

Wie bin ich Homosexuellen gegenüber eingestellt?

ich bin völlig tolerant [64]   finde ich nicht normal [12]   eher skeptisch eingestellt [24]

Denken Sie, dass Homosexuelle in Deutschland mit wesentlich mehr Problemen umgehen müssen als Heterosexuelle?

ja [90]   nein [10]

Denken Sie, dass Homosexuelle in Deutschland benachteiligt werden?

ja [58]   nein [42]

Denken Sie, dass homosexuelle Männer eher schwächer als heterosexuelle Männer sind (körperlich und psychisch)?

ja [40]   nein [60]

Ist Homosexualität denkbar im Profifussball?

ja [57]   nein, Fussball ist ein Männersport [22]   weiß ich nicht [21]

Sind Lesben im Frauenfussball eher vorstellbar als Schwule im Männerfussball?

ja [77]   nein [23]

Wenn ein homosexueller Spieler in meiner Mannschaft spielen würde

wäre es mir unangenehm [34]   würde mir nichts ausmachen [66]

Falls ein homosexueller Spieler in meiner Mannschaft spielen würde, dann wären mir folgende Situationen unangenehm

alleine eine Kabine teilen	[11]	den Partner kennenlernen	[15]
Körperkontakt beim Spiel	[16]	Tore bejubeln	[3]
aus der selben Flasche trinken	[8]	gemeinsames Duschen	[37]
Trikottausch	[5]	nichts von all dem	[34]
nach dem Spiel gemeinsam feiern	[5]		

Meiner Meinung nach sollten sich homosexuelle Spieler   outen [60]   nicht outen [40]

Ein homosexueller Profspieler hätte nach einem Outing

keine Probleme `51`   die Karriere wäre beendet `49`

Wenn ich im Stadion bin verwende ich oder meine Gruppe Ausdrücke wie

schwules Schwein `29`   ihr seid alle homosexuell `39`

schwuler Schiri `37`   nichts davon `40`

Solche Statements sind

lediglich Emotionen `78`   schwulenfeindliche Äußerungen `22`

Sollte Homosexualität in den Medien mehr thematisiert werden?

ja `45`   nein `55`

Wenn sich einer Ihrer Lieblingsspieler outen würde, würden sie in der Öffentlichkiet weiter Positiv über ihn reden

ja `60`   weiß nicht `35`   nein `5`

Bewerten sie bitte folgende Aussagen

Arne Friedrich, deutscher Nationalspieler (2004):
»Es gibt immer mehr Menschen, die schwul sind. Ganz sicher auch Spieler der Fußballbundesliga.«

stimme ich voll zu `95`   bin anderer Meinung `5`

Rudi Assauer (ehemaliger Manager von Schalke 04) zu einem Masseur:
„Junge, tue dir einen Gefallen und suche dir einen neuen Job"

stimme ich voll zu `20`   bin anderer Meinung `80`

Otto Baric (ehemaliger Teamchef der Kroatischen Nationalmannschaft):
„Homosexualität ist abnormal. Ich werde niemals Homosexuelle in mein Team berufen"

stimme ich voll zu `16`   bin anderer Meinung `84`

Corny Littman (Präsident des FC St. Pauli, bekennender Homosexueller):
„Ich würde keinem Profi raten, sich zu outen. Der soziale Druck wäre nicht auszuhalten"

stimme ich voll zu `82`   bin anderer Meinung `18`

Mario Basler (ehemaliger Nationalspieler) zum Thema homosexueller Spieler:
„Gibt es nicht, sag ich nichts zu. Gibt es nicht. Es gibt keine schwulen Fußballer"

stimme ich voll zu `13`   bin anderer Meinung `87`

Tanju Colak, türkischer Rekord-Torschütze (2005):
»In all den Jahren habe ich keinen einzigen schwulen Spieler kennen gelernt. Und würde ich einem begegnen, würde ich ihn sofort erkennen.«

stimme ich voll zu `16`   bin anderer Meinung `84`

John Blankenstein, Schiedsrichterbeobachter der UEFA (2004):
»Es sind sowieso alle gegen Schiedsrichter, da ist es egal ob er auch noch schwul ist.
Ein Schiedsrichter hat keine Fans.«   Vielen Dank für Ihre Mühe

14. Ausblick

Trotz der großen Beliebtheit in Deutschland hat der Profifußball mit zahlreichen Problemen zu kämpfen, die erst in den letzten Jahren deutlich wurden.

Neben den Fankrawallen im Stadion, die durch Böller oder Bengalische Fackeln verursacht werden, möchte ich beispielhaft hier den Wett- und Schiedsrichterskandal durch Robert Hoyzer, den Freitod des Hannoveraner Nationaltorwarts Robert Enke, das Erschöpfungssyndrom bei dem Schalker Trainer Ralf Rangnick und den erst kürzlich versuchten Suizid des Schiedsrichters Babak Rafati aufführen. Natürlich können auch private und persönliche Gründe Einfluss auf die aufgezählten Fälle haben, eine Teilschuld jedoch trägt der Profifußball, in Verbindung mit seinem Erfolgsdruck. So ist es nicht verwunderlich, dass kein homosexueller Spieler den Weg in die Öffentlichkeit gefunden hat.

Die Frage zu beantworten, wann sich ein homosexueller Spieler in Deutschlands höchsten Spielklassen outen wird, ist nicht möglich. Jedoch lässt sich eine Tendenz erkennen, welche Faktoren greifen müssten, damit dieses geschehen kann. Zuallererst ist es wichtig zu sagen, dass das Thema differenziert gesehen werden muss. Ein Schwarz und Weiß kann und darf es nicht geben.

Statistisch gesehen muss es schwule Spieler in der Bundesliga geben. Wichtig ist es, die Spieler abzuholen, die den Gang an die Öffentlichkeit gehen möchten, sich jedoch aufgrund diverser Einflusskriterien zurückhalten.

Diese Arbeit veranschaulicht die psychischen Probleme, die Profispieler durch das Verstecken ihrer Sexualität bekommen können. Die relevanten Einflussfaktoren (Kapitel 8), die in der Arbeit beschrieben werden, spielen bei der Entscheidung eine wesentliche Rolle.

Die Frage nach dem ersten Coming-out eines Spielers geht häufig durch die Medien. Für den Fan mag es interessant sein, gemeinsam mit den Medien zu spekulieren und in Gesprächen mit anderen Fans auf diese Artikel zurückgreifen zu können. Das Thema wird durch entsprechende Berichte zeitweise immer wieder in den Fokus gerückt. Die Medienlandschaft wartet förmlich auf den ersten Profi. Und genau hier liegt das Problem. Die Medien würden sich wahrscheinlich metaphorisch auf ihn stürzen. Ein

Coming out, das für den Menschen befreiend sein sollte, würde den Spieler hier eher für die große Medienbühne freigeben. Neben den Medien würden die gegnerischen Fans höchstwahrscheinlich diese „Schwäche" ausnutzen, um durch Gesänge den betroffenen Spieler und dessen Mannschaftskollegen zu verunsichern. Die aufgezeigte Entwicklung kann als sehr wahrscheinlich angesehen werden. Die Folgen des Outings sind zum größten Teil dennoch spekulativ, da ein Beispiel fehlt.

Wie in der Arbeit beschrieben, hält sich der DFB bei dem Thema Homosexualität noch zurück. Das Beispiel von Roman Weidenfeller und Gerald Asamoah zeigt die Unterschiede zwischen Rassismus und Homophobie auf. Für den Fan und Spieler ist das Signal ist klar. Rassismus wird im deutschen Profifußball in keiner Instanz geduldet, homophobe Aussagen werden scheinbar übergangen. Hier sollte sich der DFB am englischen Fußball orientieren. Im Geburtsland des Fußballs wird Homophobie im Stadion nicht geduldet, die Fans werden bei einem Verstoß mit einer empfindlichen Strafe belegt. Das Stadionverbot dient als Sanktion, die für die Fans spürbar ist. Ein großer Verein wie Manchester City, der in der Öffentlichkeit als „gay friendly" bezeichnet wird und der bewusst homosexuelle Mitarbeiter einstellt, nimmt eine Vorbildfunktion ein. Natürlich ist diese Haltung auch werbewirksam, dennoch ein richtiges Signal für die Spieler und Fans.

Im Verlauf der Arbeit wird offensichtlich wie ein einzelner Spieler bei einem Outing in den Fokus der Öffentlichkeit rücken würde. Anders wäre dies bei einer größeren Gruppe. Spekuliert werden kann darüber, ob homosexuelle Spieler miteinander vernetzt sind oder zumindest voneinander wissen. Hier könnte eine Lösung liegen. Würden die Spieler zusammen an die Öffentlichkeit gehen, wäre das Medieninteresse in Bezug auf die einzelnen Spieler nicht so groß. An dieser Stelle könnte der Verband ansetzten und beispielsweise die Spieler ermutigen.

Die Meinungsmacher im Fußball, wie Rudi Assauer, sind ein großer Faktor gegen ein mögliches Outing. Besonders tragisch ist hier, dass eben diese Menschen, die auf die Meinungsfindung der Fans einwirken, negativ über Homosexualität sprechen.

In der heutigen Zeit ist jede Aussage einer Person, die in der Homosexualität etwas „Unnatürliches" sieht kontraproduktiv.

Einen besonderen Einfluss haben die Fans im Stadion. Auf der einen Seite feiern sie die eigenen Spieler und treiben sie durch ihre Gesänge und Motivation zu Höchstleistungen an, auf der anderen Seite suchen sie die Schwachstellen der gegnerischen Spieler, um diese und deren Mannschaft zu demoralisieren. Viele Fans gehen noch weiter und diskriminieren die gegnerischen Spieler. Hier muss ein Umdenken geschehen.

Einige Fans von Herta BSC gehen mit ihrem Spruchband „Fußball ist alles, auch schwul" in die richtige Richtung, das Plakat kann von den Spielern auf dem Platz gelesen werden.

Die spannendste Frage ist, wie die Fans mit ihrem Liebling umgehen würden, falls dieser sich outen würde. Diese Frage kann an dieser Stelle nicht beantwortet werden, jedoch ist es wahrscheinlich, dass dieser es bei den eigenen Fans leichter haben würde.

Wichtig ist es, die Klischees in den Köpfen der Menschen aufzugreifen. Die Denkweise, homosexuelle Menschen zeigten weibliche Verhaltensweisen und könnten somit nicht die gleiche Leistungen wie heterosexuelle Menschen bringen, ist nicht stimmig. Diese Klischees führen jedoch zwangsläufig zu dem Bild, ausschließlich heterosexuelle Spieler könnten Höchstleistungen abliefern.

Diese Denkweisen sind ein Problem der Gesellschaft, hier kann mit einer verstärkten Öffentlichkeitsarbeit entgegengewirkt werden. Solange in der Gesellschaft Homosexualität teilweise noch tabuisiert wird, ist es unmöglich im Fußballgeschäft ein Umdenken zu erzielen.

Der Profifußball geht dennoch in die richtige Richtung. Initiativen, wie FARE und BAFF wachsen kontinuierlich und dienen als Fürsprecher für das Thema „Homosexualität im Profifußball". Die Anzahl der homosexuellen Fanclubs steigt ebenso an, was vor Jahren noch undenkbar war. Initiativen wie die GayGames tun ihr Übriges dazu. Wichtig sind auch Veröffentlichungen wie beispielsweise das Buch „Versteck Spieler" von dem Spieler Marcus Urban, der in seinen Ausführungen seine Problemlage und Gefühlswelt schildern konnte.

Wie schon beschrieben haben die großen Verbände wie die FIFA, die UEFA und der DFB jedoch den größten Einfluss. Von diesen Instanzen ausgehend müssten übergreifende Kampagnen, Entscheidungen aber auch Sanktionen kommen, an die sich die Vereine, Spieler und besonders die Fans halten müssen. Klar ist, dieser Weg wird Jahre in Anspruch nehmen, dennoch wäre er ein Anfang. Ein Anfang, damit „Homosexualität im Profifußball" kein Tabu mehr darstellt.

Literaturverzeichnis

Abriß, B., Treis, Y. (2005). Identität und Geschlecht. Studienarbeit. München: Grin -Verlag für akademische Texte.

Blaschke, R. (2008). Versteck Spieler. Die Geschichte des schwulen Fußballers Marcus Urban. Göttingen: Verlag die Werkstatt GmbH.

Bott, D. (2008). Lernort Stadion: Sexismus und Politik. Begeisterung sieht anders aus – DFB und kritische Fans – Rassismus und Stadionverbote – Weichei und Opfer – Zur Kritik der Fanprojekte. Mit unverzichtbaren Hinweisen von Gerd Dembrowski und Nicole Selmer, Michael Rudolf und Klaus Walter. In S. Gillich (Hsg.), Bei Ausgrenzung Streetwork (S. 129 f.). Gelnhausen: Triaga Verlag.

Braun, J. (2006). Schwul und dann? Ein Coming-out Ratgeber. Berlin: Querverlag GmbH.

Butler, J. (1991). Das Unbehagen der Geschlechter. Gender Studies. Frankfurt am Main: Suhrkamp Verlag.

Dembrowski, G. (2002). Von Schwabenschwuchteln und nackten Schalkern. Schwulenfeindlichkeit im Fußballmilieu. In G. Dembrowski & J. Scheidler (Hsg.), Tatort Stadion. Rassismus, Antisemitismus und Sexismus im Fußball (S. 140 f.) Köln: PapyRossa Verlags GmbH & Co. KG.

Fiedler, P. (2004). Sexuelle Orientierung und sexuelle Abweichung. Heterosexualität – Homosexualität – Transgenderismus und Paraphilien – sexueller Missbrauch – sexuelle Gewalt. Weinheim: Beltz Verlag.

Gröbner, T. (2010). Tatort Stadion – Wandlung der Zuschauergewalt im Profifußball. Studienarbeit. München: Grin - Verlag für akademische Texte.

Haller, D. (2010). Homosexualität und Homophobie im Fußball. Studienarbeit. München: Grin - Verlag für akademische Texte.

Heinrich, A. (2000).Der deutsche Fußballbund. Eine politische Geschichte. Köln: Pappy Rossa.

Kositza, E. (2008). Gender ohne Ende. Oder was vom Manne übrigblieb. Schnellroda: Edition Antaios.

Klenk, D. (2009). Vorwort. In D. Klein (Hsg.), Gender Mainstreaming. Das Ende von Mann und Frau? (S. 9). Gießen: Brunnen Verlag.

Leibfried, D., Erb, A. (2011). Das Schweigen der Männer. Homosexualität im deutschen Fußball. Göttingen: Verlag die Werkstatt GmbH.

Lück, O., Schäfer, R. (17.12.2006). Ein Outing wäre mein Tod. RUND – das Fußballmagazin. Nürnberg: Olympia - Verlag GmbH.

Mascher, K. (2009). Geschlechtslos in die Zukunft? Von der Polarität der Geschlechter zu fließenden Identitäten. In D. Klenk (Hsg.), Gender Mainstreaming. Das Ende von Mann und Frau? (19-31). Gießen: Brunnen Verlag.

Meuser, M. (2008). It's am Men's World. Ernste Spiele männlicher Vergemeinschaftung. In G. Klein & M. Meuser (Hsg.), Ernste Spiele. Zur politischen Soziologie des Fußballs (S. 114). Bielefeld: transcript Verlag.

Müller, M. (2009). Fußball als Paradoxon der Moderne. Zur Bedeutung ethnischer, nationaler und geschlechtlicher Differenzen im Profifußball. Wiesbaden: GWV Fachverlage GmbH.

Pronold Günthner, F. (2010). Geschlecht und Identifikation. Eine empirische Untersuchung zur geschlechtsspezifischen Rezeption von Jugendbüchern. Hamburg: Verlag Dr. Kovac.

Schwenzer, V. (2005). Samstag im Reservat. Anmerkungen zum Verhältnis von Rassismus, Sexismus und Homophobie im Fußballstadion. In A. Hagel, N. Selmer & A. Sülze (Hsg), gender kicks. Texte zu Fußball und Geschlecht (S. 57 f.). Frankfurt am Main: Koordinationstelle Fan-Projekte bei der deutschen Sportjugend

Sipos, I. (2009). Verwirrung Inbegriffen. Sieben Schlagworte – ihr Sinn und Wiedersinn. In D. Klenk (Hsg.), Gender Mainstreaming. Das Ende von Mann und Frau? (45-57). Gießen: Brunnen Verlag.

Walther-Ahrens, T. (2011). Seitenwechsel. Coming – out im Fußball. München: Random House GmbH.

Walther, K. (2006). The Making of Männlichkeit in der Kabine. In E. Kreisky & G. Spitaler (Hsg.), Arena der Männlichkeit. Über das Verhältnis von Fußball und Geschlecht (S. 99). Frankfurt am Main: Campus Verlag GmbH.

Zur Nierden, S. (2005). Homosexualität und Staatsraison. Männlichkeit, Homophobie und Politik in Deutschland 1900-1945. Frankfurt: Campus Verlag.

Onlineverzeichnis:

Baff (2010). Wer ist Baff? Und was machen wir so?. Verfügbar unter: http://aktive-fans.de/index.php?option=com_content&view=article&id=50&Itemid=41 [Zugriff am 03.12.2012].

Berg, O. (2007). Lahm hält Outing nicht für ratsam. Verfügbar unter: http://www.stern.de/sport/fussball/homosexualitaet-im-fussball-lahm-haelt-outing-fuer-nicht-ratsam-605286.html [Zugriff am 19.11.2011].

Brüggemeier, F. J. (2006), Entwicklung zum Volkssport. Informationen zur politischen Bildung (Heft 290). Verfügbar unter: http://www.bpb.de/publikationen/H02ERW,0,Entwicklung_zum_Volksspo rt.html [Zugriff am 19.11.2011].

Bundesministerium der Justiz (2006). Allgemeines Gleichbehandlungsgesetz (AGG). Abschnitt 3. Schutz vor Benachteiligung im Zivilrechtsverkehr. § 19 Zivilrechtliches Benachteiligungsverbot. Verfügbar unter: http://www.gesetze-im-internet.de/agg/BJNR189710006.html [Zugriff am 05.11.2011].

Eisenberg, C. (2004). Fußball als globales Phänomen. Historische Perspektiven, in: Aus Politik und Zeitgeschichte. B 26/2004 vom 21. Juni 2004. Verfügbar unter: http://www.bpb.de/popup/popup_druckversion.html?guid=KM0VGR [Zugriff am 19.11.2011].

Network FARE (2009). Über FARE. Verfügbar unter: http://www.farenet.org/default.asp?intPageID=98 [Zugriff am 03.12.2011].

Klein, D. (2005). England verbietet Homophobie im Stadion. Verfügbar unter: http://www.queer.de/detail.php?article_id=3737 [Zugriff am 12.11.2011].

Reimann, K. (2009). Fankultur. Fußball ist auch Schwul. Verfügbar unter: http://www.tagesspiegel.de/sport/fussball-ist-auch-schwul/1333738.html [Zugriff am 12.11.2011].

Stern (2009). Depressionen und Homosexualität dürfen kein Tabu mehr sein. Verfügbar unter: http://www.stern.de/sport/fussball/dfb-praesident-theo-zwanziger-depressionen-und-homosexualitaet-duerfen-kein-tabu-mehr-sein-1521641.html [Zugriff am 13.11.2011].

Tholl, G. (2006). Als „Rainbow Borusse" gegen das Tabu. Verfügbar unter: http://www.stern.de/lifestyle/leute/schwule-fussball-fans-als-rainbow-borusse-gegen-das-tabu-567276.html [Zugriff am 03.12.2011].

Weltonline (2007) Schwul? Schwarz? Schwabbel? Verfügbar unter http://www.welt.de/sport/article1128786/Schwul_Schwarz_Schwabbel.html [Zugriff am 18.12.2011].

Anhang

<table>
<tr><td colspan="2">

Anonyme Meinungsumfrage im Zuge einer Bachlorarbeit der Fachhochschule Düsseldorf
Fachrichtung Sozialpädagogik

Thema: Homosexualität im Profifussball

Peter Jannson (schwedischer Fußballer):
„Ich bin einer, der Versteckten, einer der gar nicht existiert. Es ist mir nicht erlaubt Sport unter denselben Umständen zu genießen, wie alle anderen"

Ich bin: Spieler ☐   Trainer ☐   Betr./Orga ☐   *Angabe ist freiwillig*

Alter: 16-20 ☐   21-25 ☐   26-30 ☐   31-35 ☐   über 35 ☐

</td></tr>
</table>

Wie bin ich Homosexuellen gegenüber eingestellt?

ich bin völlig tolerant ☐   finde ich nicht normal ☐   eher skeptisch eingestellt ☐

Denken Sie, dass Homosexuelle in Deutschland mit wesentlich mehr Problemen umgehen müssen als Heterosexuelle?

ja ☐   nein ☐

Denken Sie, dass Homosexuelle in Deutschland benachteiligt werden?

ja ☐   nein ☐

Denken Sie, dass homosexuelle Männer eher schwächer als heterosexuelle Männer sind (körperlich und psychisch)?

ja ☐   nein ☐

Ist Homosexualität denkbar im Profifussball?

ja ☐   nein, Fussball ist ein Männersport ☐   weiß ich nicht ☐

Sind Lesben im Frauenfussball eher vorstellbar als Schwule im Männerfussball?

ja ☐   nein ☐

Wenn ein homosexueller Spieler in meiner Mannschaft spielen würde

wäre es mir unangenehm ☐   würde mir nichts ausmachen ☐

Falls ein homosexueller Spieler in meiner Mannschaft spielen würde, dann wären mir folgende Situationen unangenehm

alleine eine Kabine teilen ☐   den Partner kennenlernen ☐

Körperkontakt beim Spiel ☐   Tore bejubeln ☐

aus der selben Flasche trinken ☐   gemeinsames Duschen ☐

Trikottausch ☐   nichts von all dem ☐

nach dem Spiel gemeinsam feiern ☐

Meiner Meinung nach sollten sich homosexuelle Spieler   outen ☐   nicht outen ☐

Ein homosexueller Profspieler hätte nach einem Outing

keine Probleme ☐   die Karriere wäre beendet ☐

Wenn ich im Stadion bin verwende ich oder meine Gruppe Ausdrücke wie

schwules Schwein ☐   ihr seid alle homosexuell ☐

schwuler Schiri ☐   nichts davon ☐

Solche Statements sind

lediglich Emotionen ☐   schwulenfeindliche Äußerungen ☐

Sollte Homosexualität in den Medien mehr thematisiert werden?

ja ☐   nein ☐

Wenn sich einer Ihrer Lieblingsspieler outen würde, würden sie in der Öffentlichkiet weiter Positiv über ihn reden

ja ☐   weiß nicht ☐   nein ☐

Bewerten sie bitte folgende Aussagen

Arne Friedrich, deutscher Nationalspieler (2004):
»Es gibt immer mehr Menschen, die schwul sind. Ganz sicher auch Spieler der Fußballbundesliga.«

stimme ich voll zu ☐   bin anderer Meinung ☐

Rudi Assauer (ehemaliger Manager von Schalke 04) zu einem Masseur:
„Junge, tue dir einen Gefallen und suche dir einen neuen Job"

stimme ich voll zu ☐   bin anderer Meinung ☐

Otto Baric (ehemaliger Teamchef der Kroatischen Nationalmannschaft):
„Homosexualität ist abnormal. Ich werde niemals Homosexuelle in mein Team berufen"

stimme ich voll zu ☐   bin anderer Meinung ☐

Corny Littman (Präsident des FC St. Pauli, bekennender Homosexueller):
„Ich würde keinem Profi raten, sich zu outen. Der soziale Druck wäre nicht auszuhalten"

stimme ich voll zu ☐   bin anderer Meinung ☐

Mario Basler (ehemaliger Nationalspieler) zum Thema homosexueller Spieler:
„Gibt es nicht, sag ich nichts zu. Gibt es nicht. Es gibt keine schwulen Fußballer"

stimme ich voll zu ☐   bin anderer Meinung ☐

Tanju Colak, türkischer Rekord-Torschütze (2005):
»In all den Jahren habe ich keinen einzigen schwulen Spieler kennen gelernt. Und würde ich einem begegnen, würde ich ihn sofort erkennen.«

stimme ich voll zu ☐   bin anderer Meinung ☐

John Blankenstein, Schiedsrichterbeobachter der UEFA (2004):
»Es sind sowieso alle gegen Schiedsrichter, da ist es egal ob er auch noch schwul ist.
Ein Schiedsrichter hat keine Fans.«   **Vielen Dank für Ihre Mühe**

Homosexualität und Leistungssport von Anne Baumann

2010

1. Einleitung

"Es gibt immer mehr Menschen, die schwul sind. Ganz sicher auch Spieler der Bundesliga."

(Arne Friedrich, Deutscher Fußballnationalspieler, 2004)

„Ich würde keinem Profi raten, sich zu outen. Der soziale Druck wäre nicht auszuhalten."

(Corny Littmann, Ex-Präsident FC St. Pauli, 2004)

Das Thema Homosexualität erregt ein immer größer werdendes Medieninteresse. Politiker, Schauspieler oder andere Künstler haben sich zu ihrer sexuellen Neigung bekannt und ihre Karrieren sind dadurch nicht beeinträchtigt worden. Filme wie „Brokeback Mountain" oder Serien wie „Queer as folk" beschäftigen sich mit dem Thema. Durch diese öffentliche Präsenz von Homosexuellen scheint es, als sei deren Anzahl gestiegen. So vermutet auch Nationalspieler Arne Friedrich, es gäbe *„(…) immer mehr Menschen, die schwul sind."[34]*

Sport ist ein wichtiger Bestandteil der Gesellschaft. Er bezieht alle Altersgruppen mit ein und fesselt sowohl im aktiven als auch im passiven Bereich Millionen Menschen in Deutschland. Zehntausende von Fans sehen sich jedes Wochenende die Spiele ihrer Mannschaften in den Ligen Deutschlands an, egal ob im Handball, Basketball, Eishockey, Volleyball oder dem beliebtesten Sport Deutschlands: Fußball. Der Deutsche Fußball Bund ist mit mehr als 6 ½ Millionen Mitgliedern der größte Sportverein der Welt. Dennoch gibt es bis heute keinen einzigen geouteten aktiven Profi-Fußballer.

Outings in den gesellschaftlichen Bereichen wie Kunst, Politik oder auch Showbusiness sind nicht selten. Coming-Outs im Bereich des Sports lassen sich im Vergleich dazu nur in geringer Zahl anfinden und geschehen meist erst nach dem Karriereende des Athleten.

Corny Littmann spricht vom *„soziale[n] Druck"[35]*, den ein Profi aushalten müsste, wenn er sich outen würde. Littmann, der von Februar 2003 bis zum Mai 2010 Präsident des Fußballvereins FC St. Pauli war und offen zu

---

34 Walther, Tanja: KICK IT OUT, Homophobie im Fußball

35 ebenda

seiner Homosexualität steht, spricht damit die Beziehung zwischen Gesellschaft, Sport und Homosexualität an. Einem Outing eines Profi-Sportlers steht also der große soziale Druck entgegen, dem sich augenscheinlich andere Personen des öffentlichen Lebens nicht auszusetzen haben. Um also die Beziehung zwischen den drei Schwerpunkten Sport, Gesellschaft und Homosexualität gründlich durchleuchten zu können, muss die Aufgabenstellung lauten: „Lässt sich eine steigende Toleranz gegenüber Homosexualität in Deutschland feststellen? Wie sind, im Hinblick auf die Fragestellung, die Auswirkungen auf die Akzeptanz von Homosexualität im Leistungssport und in welchen Bereichen lassen sich Veränderungen verzeichnen?"

Zur Prüfung der von Arne Friedrich festgestellten Häufung von homosexuellen Menschen im öffentlichen Leben, die eventuell der steigenden Akzeptanz der Homosexualität gegenüber geschuldet ist, betrachte ich zuerst die Zusammenhänge zwischen der Gesellschaft und Homosexualität. In diesem Zusammenhang sei zu erwähnen, dass es keine vertrauenswürdigen Statistiken gibt, die eine klare Aussage darüber geben, wie viele homosexuelle Menschen in Deutschland leben. Dies ist sowohl der Tatsache, dass eine allumfassende Erfassung kaum möglich ist, geschuldet, als auch der Tatsache, dass nicht alle Befragten die Wahrheit sagen und die „Dunkelziffer" höher sein könnte, als das endgültige Ergebnis. Im Internet kursieren Gerüchte, denen zufolge es sich um 10% handelt. Da sich aber kein sicherer Beleg dafür finden ließ, arbeite ich nicht mit diesem Wert.

Um zu verstehen, was die Basis für die Homosexualität im Sport, und besonders im Spitzensport, ist, muss der Stellenwert vom Sport in der Gesellschaft untersucht werden. Daher ist die Arbeit in die drei Unterpunkte gegliedert. An dieser Stelle möchte ich anmerken, dass die Untersuchungen sich auf die Bundesrepublik Deutschland beziehen. Wenn sich die Aussagen oder Untersuchungen auf andere Länder oder Regionen beziehen, dann ist das explizit erwähnt.

Um den Einstieg in die jeweiligen Kapitel möglichst leseleicht zu gestalten, wird an den Anfang der Einleitung, des Schlussteils und eines jeden Unterpunktes (Gesellschaft und Homosexualität, Sport und Gesellschaft, Homosexualität und Leistungssport) ein Zitat gestellt, dass im weiteren Verlauf des Kapitels erläutert wird

Jeder Unterpunkt wird für sich genommen am Ende des Kapitels noch einmal zusammengefasst. Eine generelle Zusammenfassung gibt es im Anschluss an die Ausführungen zu Gesellschaft, Homosexualität und Sport. Neben dieser Zusammenfassung spielen auch die Zukunftsprognosen eine wichtige Rolle und sind daher teilweise auch schon in den Kapiteln enthalten, kommen aber spätestens im Schlussteil zur Sprache.

2. Gesellschaft und Homosexualität

"Gleichgeschlechtliche Betätigung verstößt eindeutig gegen das Sittengesetz"[36]

So lautete das Urteil des Bundesverfassungsgerichtes in Karlsruhe am 10. Mai 1957. Damit wurden, festgelegt im § 175, gleichgeschlechtliche sexuelle Handlungen vor dem Gesetz als rechtswidrig angesehen und bestraft. 50.000 Männer wurden aufgrund dieses Gesetzes in der Bundesrepublik Deutschland zu Gefängnis- oder Zuchthausstrafen verurteilt. Abgeschafft wurde der § 175 erst im Jahr 1994. Das war ein weiterer Erfolg für die Homosexuellenbewegung, die bereits in den 60er und 70er Jahren eine Aufweichung der vorherrschenden antihomosexuellen Diskriminierung erreicht hatte.[37] Nachdem viele ihrer Mitgliedsstaaten Strafgesetze, die gegen männliche Homosexuelle gerichtet waren, abgeschafft hatten, verbot auch die Europäische Union antihomosexuelle Gesetze. Doch trotz aller Erfolge wurde „(…) die dominante heterosexuelle Kultur nicht grundlegend verändert."[38]

Ursache dafür ist die Heteronormativität unserer Gesellschaft. Laut Dieter Haller, Professor für Sozialanthropologie an der Ruhr-Universität Bochum, bezeichnet „Heteronormativität (…) im weitesten Sinne all jene Betrachtungsweisen, die wie selbstverständlich davon ausgehen, dass das heterosexuelle Paar die Chiffre für Menschsein an sich bildet."[39] Die Basis für die Annahme, dass Heteronormativität der Zustand des Normalen ist, bildet die Heterosexualität. In diesem Fall ist damit jedoch nicht nur das sexuelle Verhalten der Heterosexualität gemeint, sondern auch das soziale Verhalten und die Identität des Einzelnen. Denn die Beziehung zwischen der Identität oder auch dem Selbst des Einzelnen und der gesamten Gesellschaft ist eine wechselseitige.

---

36 http://www.gruene bundestag.de/cms/archiv/dok/181/181984.sittengesetz_grundrechte_und_ homosexuali.html besucht am 22. Mai 2010 um 19:08 Uhr

37 Vgl: Aldrich (Hrsg.), 2007

38 ebenda

39 Haller: Die Entdeckung des Selbstverständlichen: Heteronormativität im Blick. In: Haller (Hrsg.): Heteronormativität. Sonderband der ethnologischen Zeitschrift kea 2002, (14), 1-28

„Das Selbst projiziert sich (...) auf die kulturellen Identitäten und internalisiert gleichzeitig deren Bedeutung, Normen und Werte."[40]

Diese Verinnerlichung der Werte und Normen der Gesellschaft führt dazu, dass bereits bei Kindern das Bild einer heterosexuellen Welt entsteht und diese Welt Gültigkeit besitzt. Heteronormativität ist eine Norm der Gesellschaft, die nicht hinterfragt werden muss. Sie ist von dauerhafter und gleichbleibender Gültigkeit. Da sie die gültige Norm ist und damit unanfechtbar, wird alles, was ihr nicht entspricht als Abweichung angesehen.[41] Diese Abweichung kann nicht hingenommen werden, entspricht sie doch nicht dem gängigen Weltbild. Daher bedarf sie einer Rechtfertigung oder Erklärung. Auch werden ihr die Rechte, die die Heteronormativität für sich beansprucht nicht einfach gewährt. Die Ursachen dafür, dass Heterosexualität die Grundannahme ist, sind vielfältig.

Als einer der schwerwiegendsten Gründe kann die Religion genannt werden. Die christliche Religion sieht das Paar, bestehend aus Mann und Frau, als die einzig richtige Form des Zusammenlebens an. Adam und Eva sind der Prototyp dieser Vorstellung und die Vorlage für die Art und Weise, wie Partnerschaften auszusehen haben. Um eben dieser religiösen und der daraus resultierenden sozialen Tradition zu entsprechen, hat die Gesellschaft die Heterosexualität als Norm festgelegt.

„Die meisten Menschen begreifen ihre heterosexuelle Prägung als angeboren, sie sehen sie als automatisch an. Ausgebildete Beobachter verstehen jedoch, dass Menschen deshalb heterosexuell sind, weil sie so erzogen wurden und weil man ihnen beigebracht hat, so sein zu wollen."[42]

Diese Grundlage der Heteronormativität macht es Homosexuellen schwer, ihr Leben mit der gleichen Selbstverständlichkeit und Offenheit zu führen, wie heterosexuelle Menschen, da sie sich in die Defensive gedrängt fühlen und sich für ihr Dasein und die Art dieses Daseins rechtfertigen müssen.

---

40 ebenda

41 ebenda

42 Haller: Die Entdeckung des Selbstverständlichen: Heteronormativität im Blick.In: Haller (Hrsg.): Heteronormativität. Sonderband der ethnologischen Zeitschrift kea 2002, (14), 1-28

Dass dies, gerade in der Phase der Pubertät, nicht leicht ist, beweist die viermal höhere Suizidrate bei homosexuellen Jugendlichen.[43]

Neben der Andersartigkeit der Homosexualität im Sinne der gleichgeschlechtlichen Liebe, stellt auch die Andersartigkeit der Homosexualität im Ausleben ihrer Selbst ein Problem für die heteronormative Gesellschaft dar. Während gleichgeschlechtliche Partnerschaften in eheähnlichem Verhältnis und der damit verbundenen Monogamie den gültigen Werten der Heteronormativität entsprechen, stoßen andere *„alternative Beziehungs- und Sexualverhaltensformen"*[44] eher weniger auf Verständnis und behindern das Fortschreiten von Akzeptanz der Homosexualität. Die Homosexuellenbewegung der 1970er Jahre hatte andere Ansichten, was Beziehungen anging. So wurden offene Beziehungen geführt, die „(…) ein Netzwerk (…) schufen, das auf Sex, Liebe und Freundschaft beruhte."[45] Diese Freiheit, die ein Lebensgefühl war und über das rein Sexuelle hinausging, steht in Widerspruch zu der vorgegebenen Monogamie und Familienstruktur (Mutter, Vater, Kind) der Heteronormativität.

Neben diesem Unterschied im Ausleben der sexuellen Neigungen und dem damit verbundenen sozialen Gefüge des Bekanntenkreises, stört ein weiterer Faktor das selbstverständliche Dasein der Homosexuellen: Die Öffentlichkeit.

Zwar gibt es Personen des öffentlichen Lebens, die sich zu ihrer Homosexualität bekennen, dennoch wird auch von ihnen erwartet, ihre Homosexualität im privaten Bereich ihres Lebens stattfinden zu lassen.

> *„Man erwartet von Schwulen einerseits, dass sie sich zu ihrem Schwulsein bekennen, aber wenn sie es tun, wird moniert, dass ihre sexuelle Orientierung öffentlich nicht interessiert."*[46]

---

43 http://www.zeit.de/online/2007/25/schwul-jugendliche-internet besucht am 02. Juni 2010 um 22:21 Uhr

44 Hekma: Die schwul-lesbische Welt: 1980 bis zur Gegenwart. In: Aldrich (Hrsg.): Gleich und anders; Eine globale Geschichte der Homosexualität, Murmann Verlag GmbH, Hamburg, 2007

45 ebenda

46 ebenda

Diese Zwickmühle schafft Probleme für das öffentliche Ausleben der Homosexualität, denn das öffentliche Leben ist heterosexuell geblieben und Homosexuelle befinden sich damit in dem Dilemma, „(…) ein im Grunde nicht mögliches Gleichgewicht zwischen Verschweigen und lautem Verkünden ihrer sexuellen Interessen zu finden".[47]

Somit ist die Homosexualität auf „Schlafzimmer, Kneipen und die Medien"[48] begrenzt. Zusammenfassend ist zu sagen, dass die Homosexuellenbewegung der 1960er und 1970er Jahre viel verändert hat. Homosexuelle Handlungen sind nicht mehr unter Strafe gestellt, die Gesetzgebung macht Fortschritte, was die Gleichstellung von Homosexuellen mit Heterosexuellen angeht und die Medien zeigen sich größtenteils tolerant gegenüber den bereits geouteten Personen des öffentlichen Lebens. Dem gegenüber steht jedoch das Leben im Alltag, in dem Homosexuelle immer noch diskriminiert werden, verbalen und körperlichen Übergriffen aufgrund eben jener Homosexualität ausgesetzt sind und viele Regelungen, die für heterosexuelle Paare gelten (Versicherungen, Pensionen, Wohnen), für gleichgeschlechtliche Paare keine Gültigkeit haben.

Die Gesellschaft mag Homosexualität in manchen Bereichen tolerieren, aber von einer gesamtgesellschaftlichen Toleranz oder gar einer Akzeptanz ist im Moment nicht auszugehen.

47 Hekma: Die schwul-lesbische Welt: 1980 bis zur Gegenwart. In: Aldrich (Hrsg.): Gleich und anders; Eine globale Geschichte der Homosexualität, Murmann Verlag GmbH, Hamburg, 2007

48 ebenda

3. Sport und Gesellschaft

„Der Sport erfüllt in der modernen Gesellschaft wichtige biologische, pädagogische und soziale Funktionen.“[49]

So heißt es in der Präambel der Charta des Deutschen Sportbundes. Die Aufgaben und Bedeutungen des Sportes sollen angemessen in den Kulturbereich eingeordnet werden. Die Funktionen des Sports sind dabei biologischer, pädagogischer und sozialer Art.

Die ursprüngliche, biologische Art des Sports ist die Grundlage für das Sporttreiben des Menschen. Bewegung des Körpers erhält die Gesundheit des Menschen. In den heutigen Industrieländern leidet die Bevölkerung unter sogenannten *„Zivilisationsschäden“[50]*, Bewegungsmangelkrankheiten, die durch die sportliche Betätigung ausgeglichen werden können.

Durch eine fortschreitende Technologisierung und Globalisierung unserer Welt haben viele Menschen Probleme mit ihrer Identitätsfindung. Anonymität und Leistungsdruck fördern diese Probleme. Die pädagogische Funktion des Sportes soll daher dem sich selbst entfremdeten Menschen helfen, durch den Sport seine Identität zu finden und, durch Leistung und Gemeinschaft, sein Selbstwertgefühl zu steigern.

Auf die sozialen Funktionen des Sportes soll im Verlauf noch eingegangen werden.

Neben den vom Deutschen Sportbund genannten Funktionen werden dem Sport auch noch politische, wirtschaftliche und ästhetische Funktionen zugeschrieben.

Sport ist eine Komponente der Gesellschaft, die ein vielfältiges und sich immer wieder änderndes Erscheinungsbild besitzt. Ergebnisse sind nicht vorgeschrieben und so ist der Ausgang ungewiss. Diese dauerhafte Spannung im Sport ist eine Erklärung für die große Popularität des Sportes weltweit, die größer ist als bei anderen gesellschaftlichen Ereignissen.[51]

---

49 Sport in Deutschland, Broschüre des Deutschen Sportbundes, 19. Auflage, Frankfurt am Main, Mai 2003

50 Röthig, Größing (Hrsg.): Sport und Gesellschaft: Kursbuch Sport, 4. Unveränderte Auflage, Limpert Verlag GmbH, Wiebelsheim, 2002

51 ebenda

Diese große Wirkung des Sportes erklärt seine politischen Funktionen. Sport wirkt völkerverbindend, da er politische Grenzen zu überschreiten vermag. Über den Sport, die sportlichen Leistungen und die Athleten können Vorurteile abgebaut und Toleranz gegenüber fremden Kulturen aufgebaut werden. Sportgroßereignisse können einen wesentlichen Beitrag zur allgemeinen politischen Entspannung leisten.[52]

Die weltweite Sportbegeisterung und das große Interesse unterstützen die wirtschaftliche Funktion des Sportes. Durch den Verkauf von sportrelevanten Produkten, seien es Sportartikel, Fanartikel oder Tickets, wird die Wirtschaft unterstützt. Neben den direkt mit Sport zusammenhängenden Artikeln, ist ein weiterer wirtschaftlicher Faktor auch bei den austragenden Nationen von Sportgroßereignissen zu finden. Die Austragungsorte dieser Ereignisse profitieren in ihrer Wirtschaft von dem Stattfinden der sportlichen Wettbewerbe.

Neben der oben schon erwähnten biologischen Funktion des Sportes, die die Bewegungen in einen gesundheitlichen Zusammenhang setzt, darf auch die ästhetische Funktion nicht vergessen werden. Die ästhetische Funktion misst den Bewegungen der Athleten einen *„ästhetischen Wert in gestalterischer Ausformung"*[53] zu und macht aus der rein biologischen Bewegung zur Gesundheitserhaltung eine künstlerisch wertvolle Bewegung, die nicht nur dem Sportler, sondern auch dem Zuschauenden einen Nutzen bringt.

Die wichtigste Funktion des Sportes ist jedoch die soziale Funktion.

Um zu erklären, was der Sport für eine gesellschaftliche Wertigkeit hat und welche soziale Dimension er einnimmt, muss man sich klar machen, dass der Sport weder *„idealisiertes Abbild der Arbeitswelt"*[54] noch *„Gegenwelt zur Arbeit"*[55] darstellt. Denn der Sport besitzt eine Eigenständigkeit gegenüber der Alltagswelt, die ihn weder komplett in diese integriert, noch ihn als oben erwähntes Abbild erscheinen lässt. Dennoch ist es unmöglich,

---

52 ebenda

53 Sport in Deutschland, Broschüre des Deutschen Sportbundes, 19. Auflage, Frankfurt am Main, Mai 2003

54 ebenda

55 ebenda

den Sport ohne Bezüge zu den alltäglichen Bereichen der Gesellschaft zu sehen. Statt also die Gesellschaft bis ins kleinste wiederzugeben oder ein ihr konträres System zu schaffen, steht der Sport als gesellschaftliche Institution innerhalb der Gesellschaft[56]. Von einer gesellschaftlichen Institution ist dann zu sprechen, wenn ein einzelner Verhaltensakt allgemein akzeptiert ist und nicht mehr begründet werden muss. Im Falle des Sports ist der einzelne Verhaltensakt das sportliche Handeln an sich, dass weder dem Mitspieler, noch dem Gegner oder Zuschauer begründet werden muss, sondern als gegeben hingenommen wird.

Die soziale Dimension des Sportes umfasst neben der Akzeptanz des Geschehens der sportlichen Betätigung auch das Vorkommen dieses Handelns. Sport ist kein auf ein Gebiet oder eine Gesellschaftsform festgelegtes Geschehnis. Er kommt in allen Gesellschaften, egal ob modern oder primitiv vor und ist damit eine soziale Universalie.

Nachdem nun also geklärt ist, welche Position der Sport gegenüber der Gesellschaft einnimmt, ist noch zu klären, welche Position der Sport in der Gesellschaft innehat.

Der Mensch als Mitglied der Gesellschaft gilt erst durch den Prozess des Erlernens der Wertvorgaben der Gesellschaft als handlungsfähiges Wesen. Als gesellschaftliches Subsystem hat auch der Sport ein Wertegefüge. Für eine Teilnahme am Sport ist das Wissen um die und Kennen der Werte des Sports eine Voraussetzung. Die Grundwerte des Sports sind Leistung, Erfolg, Wettkampf, Disziplin, Askese, Kameradschaft, Selbstverwirklichung, Spiel, Kooperation, Teamgeist, Gemeinschaft, Wohlbefinden, Chancengleichheit, Vergnügen, Spaß, Freude, Ordnung, Freiheit, Kreativität, Spontanität und Fair Play. Der Wertekern des Sports ist die Mischung aus Spiel und Fair Play. Die Beziehung zwischen dem Sporttreibenden und dem Sport ist, im Hinblick auf die Wertvorstellungen, eine sich gegenseitig bedingende und verändernde. Die persönlichen Wertvorstellungen des Sportlers verändern sich und beeinflussen dadurch die sozialen Werte des Sports. Neben den persönlichen Wertevorstellungen des Einzelnen spielen auch die Wertvorgaben des übergeordneten Gesellschaftssystems eine Rolle. Durch einen Wertewandel in der Gesellschaft wird auch das Wertegefüge des Sports verändert.

---

56 ebenda

Durch den gesellschaftlichen Wertewandel der materialistischen Industriegesellschaft hin zu einer postmaterialistischen Gesellschaft, wurden Werte verändert, die, langfristig gesehen, auch die Werte des Sports verändern werden. Die in der materialistischen Industriegesellschaft wichtigen Werte wie Anpassungsbereitschaft, Unterwerfung, Disziplin, Gehorsam und Treue werden in der postmaterialistischen Gesellschaft gewandelt und statt sich nun danach zu richten, was einem gesagt wird, stehen Selbstbestimmung, Selbstverwirklichung und Selbstentfaltung im Mittelpunkt. Ebenso hat sich die Einstellung zum Individuum in der Gesellschaft verändert. Standardisierung, wie sie früher gewünscht war, hat heute an Ansehen verloren und die Tendenz zum Einzigartigen hat sich durchgesetzt. Auch das Ausleben der emotionalen Bedürfnisse und des Lebensgenusses sind Werte, die in der heutigen Gesellschaft von Bedeutung sind und die vorherigen Werte Askesebereitschaft und Lustaufschub damit abgelöst haben. Während die Geschlechterrollenerwartungen und -anforderungen in der materialistischen Industriegesellschaft stark ausgeprägt waren, sinkt in der postmaterialistischen Gesellschaft die Bereitschaft zur rollenspezifischen Einordnung und Emanzipation und Gleichbehandlung spielen eine wichtige Rolle.

Dieser gesamtgesellschaftliche Wertewandel hat natürlich, wie bereits erwähnt, auch seine Auswirkungen auf das Wertesystem des Sports. Es ist jedoch nicht so, dass dieser Wertewandel von einer Institution, wie dem DSB, vorgegeben, sondern von „marginalen Subgruppen"[57] herbeigeführt wurde. Des Weiteren verlief dieser Wandel nicht linear, sondern ebenso wie der Wertewandel in der Gesamtgesellschaft, in schubartigen Wellen.

Trotz all dieses Wertewandels und den Veränderungen von den angepassten Geschlechterrollen hin zu Emanzipation und Gleichbehandlung, bleibt für den Sport festzustellen, dass sich „Insgesamt (...) die Verhältnisse aber nicht grundlegend geändert [haben]: Nach wie vor ist die Welt des Sports vorwiegend eine Männerwelt (...)".[58] Dass der Sport zum größten Teil eine Männerdomäne ist, liegt an seiner Wettkampf-

---

57 Röthig, Größing (Hrsg.): Sport und Gesellschaft: Kursbuch Sport, 4. Unveränderte Auflage, Limpert Verlag GmbH, Wiebelsheim, 2002

58 ebenda

orientierung. Die Werte, die diese Wettkampfsituation ausmachen, werden traditionell als männlich eingestuft. Der Wunsch, besser zu sein als der Gegner und durch Kraft und Anstrengung Erfolg zu erzielen[59], lässt den Sport in einem stark von männlichen Werten geprägten Licht erscheinen. Die Männlichkeit des Sportes lässt sich mit der einfachen Formel „c-g-s"[60] umschreiben. Gemeint sind hier Zentimeter, Gramm und Sekunde. Es geht um den Erfolg gegenüber dem Gegner oder eben einfach, dem Volksmund entsprechend, „schneller, höher, weiter".

Spezifizieren muss man auch den Unterschied zwischen Breiten- und Spitzensport. Während es dem Sporttreibenden im Breitensport primär um den Spaß am Sport geht und die Leistung hierbei zwar wichtig, aber nicht ausschlaggebend ist, ist der Leistungssport wesentlich geprägt durch eine starke Leistungsorientierung.[61] Die Werte Erfolg, Wettkampf und Leistung stehen hier im Vordergrund. Verstärkt wird der Leistungswille durch die wirtschaftlichen Faktoren, da an den Erfolgen oder Misserfolgen teilweise große Geldsummen hängen. Durch den hohen Leistungsdruck sind die Sportler gezwungen, persönliche Probleme oder ähnliches hinten an zu stellen und so stellt sich oftmals die Frage nach der verbliebenen Moral im kommerzialisierten Leistungssport von heute.

„Zählt nur noch das, was für den Erfolg von Nutzen ist, sei das trainer- oder athletenseits?"[62]

Trotz aller Kritik hat der Leistungssport jedoch Millionen Anhänger auf der ganzen Welt und begeistert, egal ob in nationalen oder internationalen Wettbewerben, immer noch die Mengen. Der DSB erklärt das Phänomen des Leistungssports und der Begeisterung an ihr mit

---

59 Vgl: Heinemann, Schubert (Hrsg.), 2001

60 Röthig, Größing (Hrsg.): Sport und Gesellschaft: Kursbuch Sport, 4. Unveränderte Auflage, Limpert Verlag GmbH, Wiebelsheim, 2002

61 Vgl: Hartmann-Tewes, Rulofs (Hrsg.), 2006

62 Drexel: Zur Trainerethik- oder: Warum man sich in der Sportwissenschaft nicht an universalistischen Ethiken orientieren sollte. Kritik utilitaristischer und Plädoyer für postmodernistische und kommunitaristische Ethikansätze. In: Digel (Hrsg.): Spitzensport: Chancen und Probleme; Jahrestagung der DVS-Sektion „Sportsoziologie-2 vom 29. Juni 2000 in Tübingen", Verlag Karl Hofmann, Schorndorf, 2001

„Unterhaltung, Überraschung und Abenteuer, die Ableitung aufgestauter aggressiver Tendenzen, des Menschen angeborener Trieb nach Vorbildern, Idolen und Helden(...)"[63]

Als Resümee kann man sagen, dass der Sport einen hohen Stellenwert in der Gesellschaft hat, das Sporttreiben selbst, aber vor allen Dingen der Leistungssport, der stark frequentiert wird und somit auch einen Wirtschaftsfaktor darstellt.

Die Werte des Sports sind abhängig von den Werten der Gesellschaft und verändern sich, über den Sporttreibenden, mit ihnen. Sport steht nicht außerhalb der Gesellschaft, ist aber auch nicht gleichzusetzen mit ihr, sondern reflektiert sie:

„Sport ist ein Spiegel der Gesellschaft."[64]

---

63 Sport in Deutschland, Broschüre des Deutschen Sportbundes, 19. Auflage, Frankfurt am Main, Mai 2003

64 Neuber: Männliche Identitätsentwicklung im Sport. In: Hartmann-Tewes, Rulofs (Hrsg.): Beiträge zur Lehre und Forschung im Sport, Handbuch Sport und Geschlecht, Hofmann-Verlag, Schorndorf, 2006

4. Homosexualität und Leistungssport

„Der Sport ist eine Gesellschaft für sich - mit Funktionären und Sponsoren mit Werbeinteressen - der sich wie kaum ein anderes gesellschaftliches System gegen Homosexuelle sperrt."[65]

Doch warum ist Homosexualität ein Tabu im Leistungssport? Eine der Grundlagen dieser Tabuisierung ist die Zweigeschlechtlichkeit des Sports.

Die natürliche Ordnung der Geschlechter ordnet Männern und Frauen unterschiedliche Attribute zu. Während Männlichkeit mit Stärke, Kraft und Aktivität verbunden wird, stellen Frauen das oftmals so genannte „schwache Geschlecht" dar und werden als passiv und emotional gesehen[66]. Sport wird also zum größten Teil mit männlichen Eigenschaften und Männlichkeit an sich verbunden. Das ist der Geschichte des Sports und seiner Entwicklung geschuldet. Das Sportsystem und seine Ausdifferenzierung im 18. und 19. Jahrhundert waren gekoppelt an die Ideen und Ideale des Militärs: Disziplin, Stärke, Gehorsam und Kraft waren die Schlagworte und lange Zeit wurden diese militärischen Leibesübungen auch „(...) als hervorragendes Mittel zur Unterdrückung des männlichen Sexualtriebs propagiert".[67] Das alte Rollenverständnis der materialistischen Industriegesellschaft sieht in den Werten des Sports, wie Durchsetzungsvermögen, Körpereinsatz, Macht und Stärke, Merkmale der Männlichkeit. So gilt für die Mehrheit der Sportarten:

„Weiblichkeit und Hochleistungssport passt nicht zusammen"[68]

So gehört also die Männlichkeit zum Leistungssport. Und, wie im ersten Kapitel bereits erläutert, zur Männlichkeit gehört die Heterosexualität. Der Leistungssport ist heteronormativ, denn je mehr Erfolg ein Mann hat, umso stärker werden ihm diese Männlichkeitsmerkmale unterstellt und seine

---

65 Sendung des Südwestrundfunks, „Noch immer ein Tabu: Homosexualität im Leistungssport", Autorin: Felicia Mutterer, Redaktion: Rudolf Linßen, gesendet am 09.06.08 um 10.05 Uhr in SWR2

66 Vgl: Hartmann-Tews, Rulofs (Hrsg.), 2006

67 http://www.spiegel.de/sport/sonst/0,1518,353963,00.html, besucht am 29.03.2010 um 16:57 Uhr 17.05.2005

68 Sendung des Südwestrundfunks, „Noch immer ein Tabu: Homosexualität im Leistungssport", Autorin: Felicia Mutterer, Redaktion: Rudolf Linßen, gesendet am 09.06.08 um 10.05 Uhr in SWR2

männliche Dominanz über die Heterosexualität definiert und wahrgenommen. Das ist ein „typisches psychologisches Phänomen, um uns die Welt leicht zu machen".[69] Personen- und Menschengruppen werden bestimmten Kategorien zugeordnet. Kategorien, die für unser soziales Wahrnehmen und gesellschaftliches Miteinander besonders wichtig sind, nennt man saliente Kategorien. Eine dieser salienten Kategorien ist die Kategorie der sexuellen Orientierung. Diese Kategorie ordnet die Menschen danach, ob sie heterosexuell oder homosexuell sind. Durch die Heteronormativität der Gesellschaft wird im Grunde davon ausgegangen, dass die Sportler heterosexuell sind. Wenn nun jedoch ein Athlet als homosexuell gesehen wird, weicht dies von der heteronormativen Grundidee ab. Die Berufe, Leistungen oder Persönlichkeiten der Menschen werden zurückgestellt. So würde ein homosexueller Fußballer eben plötzlich nicht mehr Nationalspieler, Kapitän oder Leistungsträger sein, sondern eben ein Homosexueller, der auch Fußball spielt.

Neben der Männlichkeit spielt auch die Körperlichkeit des Sports eine wichtige Rolle bei der Tabuisierung der Homosexualität, „Da im Sport- im Gegensatz zu anderen gesellschaftlichen Bereichen - der Körper im Mittelpunkt steht (…)".[70]

In Teamsportarten (Fußball, Eishockey, Rugby, Handball, Basketball u.v.m.), denen die oben genannte Männlichkeit zugeordnet wird, spielt die Körperlichkeit eine große Rolle. Bei Zweikämpfen, beim Aufwärmen, in den Mannschaftsräumen, bei Auswärtsaufenthalten und den Zimmerverteilungen und natürlich besonders beim Jubel ist eine enge körperliche Nähe zu beobachten. Diese findet jedoch ohne jegliche Sexualität statt. Die Leistungssportler stehen unter großem Druck, Erfolge bringen zu müssen. Dieser Druck entlädt sich durchaus sehr emotional, wenn ein Erfolg erzielt wird und drückt sich dann oftmals durch das Suchen der Nähe eines oder mehrerer Mitspieler aus (siehe Anhang Bildmaterial, Asexuelle Körperlichkeit). Das Ganze ist, trotz seiner durchaus stark sexuell wirkenden Atmosphäre, asexuell und lediglich als

---

69 ebenda

70 http://www.dosb.de/de/jugendsport/jugend-news/detail/news/homophobie_im_sport/8585/cHash/324fe9bdb6/nb/7/ besucht am 11.05.2010 um 18:43

Ausdruck der starken Emotionen, die der Sportler während des Spiels durchlebt, anzusehen. Durch die gesellschaftliche Gegebenheit der Heteronormativität wird Sexualität im Umgang mit dem eigenen Geschlecht ausgeschlossen und das Küssen, Umarmen oder Ähnliches wird nicht auf einer sexuellen Ebene gesehen. So wird ein Outing erschwert, da die Atmosphäre, trotz der extremen Körperlichkeit des Sports, eben nicht als sexuelle verstanden wird und jegliche Art von weitergehenden Gefühlen als von der Norm abweichend gesehen werden würden und daher einer Erklärung bedürften.

Dieser Druck, trotz der offensichtlichen Körperlichkeit, eine sexuelle Orientierung vorspielen zu müssen, die nicht der eigenen entspricht, kann zu einer Minderung der Leistungsfähigkeit führen. Das Gefühl, sich ständig verstellen zu müssen, die Hilflosigkeit, sich an niemanden wenden zu können und die Unzufriedenheit und Wut über die Situation kann „(…) zu psychischen Beschwerden, psychosomatischen Beschwerden(…)"[71] führen. Diese Minderung der eigenen Leistung wiederum stellt ein großes Problem für Spitzensportler dar, die ihren Lebensunterhalt mit dem Sport verdienen und daher von Erfolgen abhängig sind.

Neben dem Verdienen des Lebensunterhaltes spielen auch die Medien eine große Rolle. Misserfolge und Erfolge werden, durch die starke Globalisierung der Medien, weltweit ausgebreitet. Universitätsprofessor Dr. Martin Schweer, der für den Bereich Sportpsychologie an der Universität in Vechta zuständig ist und viele homosexuelle Sportler betreut, meint dazu:

> *„Je öffentlicher eine Person ist, umso schwieriger ist diese Zwischenvorstellung sagen zu können: „Öffentlich ist das alles tabu und privat führe ich mein Leben als homosexueller Mensch."*[72]

---

71 Sendung des Südwestrundfunks, „Noch immer ein Tabu: Homosexualität im Leistungssport", Autorin: Felicia Mutterer, Redaktion: Rudolf Linßen, gesendet am 09.06.08 um 10.05 Uhr in SWR2

72 Sendung des Südwestrundfunks, „Noch immer ein Tabu: Homosexualität im Leistungssport", Autorin: Felicia Mutterer, Redaktion: Rudolf Linßen, gesendet am 09.06.08 um 10.05 Uhr in SWR2

Ab einem bestimmten Bekanntheitsgrad funktioniert dieser Wechsel zwischen dem gestellten heterosexuellen Bild, das für die heteronormative Öffentlichkeit bestimmt ist und dem, das der Wirklichkeit entspricht, aber nur hinter verschlossenen Türen stattfindet, nicht mehr. Das Privatleben der Sportler wird an die Öffentlichkeit gebracht und so begrenzt sich der Bereich, in dem die Athleten ihre sexuellen Neigungen ausleben könnten, und sie sind gezwungen, den größten Teil ihres Lebens auf einer Lüge aufzubauen. Diesem Druck standzuhalten ist nicht einfach und dennoch tun sie es, weil der starke Druck der Gesellschaft, insbesondere der Mediendruck, bei einem Outing um ein Vielfaches größer wäre. Aus psychologischer Sicht ist ein Outing natürlich immer sinnvoll, denn jeder sollte so leben können, wie er es möchte. Dennoch ist es zum derzeitigen Zeitpunkt keinem Leistungssportler, besonders in den beliebten und bekannten Sportarten zu empfehlen, sich zu outen. Sportler, die während ihrer aktiven Karriere ihre sexuelle Orientierung öffentlich machen, würden sich einer Drangsalierung seitens der Fans, Mitspieler und vor allen Dingen der Medien aussetzen.

Im Leistungssport sind die Athleten finanziell gesehen auf Sponsoren und Werbepartner angewiesen. Diese Unternehmen arbeiten mit dem Image der Sportler und Sportlerinnen und zeigen sie als starke, unbesiegbare Menschen.

In den Werbespots oder auf Fotos wird oftmals der erotische Reiz des Sportlers und der Sportlerin genutzt, um den Rezipienten den Artikel oder die Marke mit positiven Bildern im Gedächtnis behalten zu lassen. Das Spiel mit der Attraktivität und dem Aussehen der Sportler ist gang und gäbe bei den Marketingfirmen. Sportler werden in Werbekampagnen mit bloßen Oberkörpern und in erotischen Posen dargestellt (siehe Anhang Bildmaterial, Sportler in der Werbung). Damit werden die üblichen heterosexuellen Rollenbilder erfüllt und die Stars des Sports entsprechen den Klischees der Heterosexualität, die von der Gesellschaft geprägt worden sind und von ihr erwartet werden. Ein Ausbrechen aus diesem heterosexuellen Hüllenvermarkten durch ein Outing kann negative Folgen für die Sportler und ihre Werbeverträge beziehungsweise die Chance auf Werbeverträge haben. [73] Die Fechterin und Olympia-Zweite von 2004,

---

73 Vgl. Blaschke, 2008

Imke Duplizer, ist eine der wenigen Athletinnen, die sich öffentlich geoutet hat und zu ihrer Homosexualität steht. In einem Interview mit der Zeitung BILD im Jahr 2007 äußerte sie sich folgendermaßen:

> *"Was glauben Sie denn, warum ich noch nie in meinem Leben einen Sponsorenvertrag hatte? Warum ich keinen Manager habe? Warum bin ich bei den Olympischen Spielen nicht ins Fernsehen eingeladen worden- dafür eine Fechterin, die schlechter war als ich, sich aber vorher für den Playboy auszog?"*[74]

Sportler in Randsportarten, in denen Sponsorenverträge weniger häufig vorkommen und weniger hoch dotiert sind, als in den Populärsportarten, können sich diesen Verlust noch weniger leisten, als die Athleten im Fußball oder Basketball.

Generell ist auch ein Unterschied festzustellen zwischen der Homosexualität bei Frauen und der bei Männern.

> *„Wenn ein Mann nicht dem klassischen Rollenbild entspricht, wird dies von der Gesellschaft sehr viel härter bestraft, als dies umgekehrt bei Frauen der Fall ist. Der Tabubruch ist viel gravierender."*[75]

Aus der Sozialisationsforschung ist bekannt, dass Jungen, die nicht dem gängigen Männlichkeitsbild entsprechen und mit Puppen spielen oder mit Weiblichkeit assoziierte Sportarten wie Ballett treiben, stärkerem Widerstand besonders von Seiten der Eltern ausgesetzt sind. Wie bereits mehrfach erwähnt, strahlt Sport eine gewisse Männlichkeit aus und so ist es für die Gesellschaft schwieriger, Männer in einer vermeintlichen Weiblichkeit zu akzeptieren, als Frauen in einer männlich konnotierten Sportart wie zum Beispiel dem Fußball. Die Männlichkeit ist, trotz des weiblichen Geschlechts, bei den Frauen durch das Betreiben einer männlichen Sportart gegeben. Ihnen wird, ebenfalls eine massive Art der Diskriminierung, ihre Weiblichkeit abgesprochen. Männer jedoch, die sich einer scheinbaren Weiblichkeit beim Sport bedienen oder denen das Vorurteil entgegengesetzt wird, sie würden über ihre sexuellen Neigungen

---

74 Blaschke: Versteckspieler- Die Geschichte des schwulen Fußballers Marcus Urban, Verlag Die Werkstatt GmbH, Göttingen, 2008

75 http://www.spiegel.de/sport/sonst/0,1518,353963,00.html, besucht am 29.03.2010 um 16:57 Uhr 17.05.2005

der Weiblichkeit zugeordnet werden, entsprächen dann nicht mehr den von der Gesellschaft vorgegebenen Werten wie Stärke, Kraft, Ausdauer - kurzum, männlichen Eigenschaften - und würden daher als nicht passend bewertet werden.

Grundsätzlich bleibt also für die Homosexualität im Leistungssport festzuhalten, dass die Heteronormativität der Gesellschaft im Leistungssport noch verstärkt wird. Die grundlegende Zweigeschlechtlichkeit des Sports und die mit dem Hochleistungssport assoziierte Männlichkeit verstärken das homophobe Klima im Sport. Leistung wird mit Männlichkeit gleichgesetzt und so wird dem homosexuellen Sportler unterstellt, seine Leistung nicht bringen zu können, da ihm die vorausgesetzte Männlichkeit fehle.

Lesbischen Sportlerinnen wiederum wird diese Männlichkeit zugesprochen, sie werden nicht als feminin wahrgenommen. Diese Wahrnehmung, die sich stark von den gesellschaftsgeprägten Rollenbildern der Heterosexualität unterscheidet, kann die Athleten ihre Sponsoren und Werbepartner kosten. Der große Druck, der durch den Zwang entsteht, sich verstellen zu müssen, kann zu psychischen und physischen Beschwerden führen und die Leistungsfähigkeit des Sportlers mindern. Trotz dieses unglaublich starken Druckes von außerhalb, haben sich bis jetzt nur wenige Sportler geoutet. Die meisten erst nach ihrer aktiven Karriere und in den stark männlich konnotierten Sportarten wie Eishockey, Fußball, Basketball oder auch Handball gab es nur ein einziges Outing eines noch aktiven Profis.

Ein Outing in einer derart stark homophob gefärbten Atmosphäre halten die Sportler für schlimmer, als dem Druck standzuhalten, sich den Großteil seines Tages verstellen zu müssen.

5. Schlussbetrachtungen

„Eine jüngere schwule Clique - häufig Popstars, Modedesigner und Schauspieler - zählt inzwischen zu den schwulen Ikonen, aber nur wenige Sportler (...)"[76]

Die Toleranz gegenüber Homosexuellen in der Gesellschaft ist definitiv gestiegen und in anderen Bereichen der Gesellschaft wie Politik, Mode, Schauspielerei oder auch Musik ist es durchaus möglich, seine Homosexualität öffentlich auszuleben. Deutschland ist dahingehend ein tolerantes Land, in den Medien ist es durchaus kein Problem, dass unser Außenminister ebenso schwul ist wie die Bürgermeister von Berlin und Hamburg. Schauspieler und Schauspielerinnen, Modeschöpfer oder auch Gewinner einer berühmten Castingshow - Homosexualität stört in den Medien kaum noch jemanden. Dass der Alltag der Homosexuellen dennoch kein einfacher ist, wurde im Unterpunkt „Gesellschaft und Homosexualität" bereits erklärt. Ein gesellschaftlicher Bereich fehlt jedoch in der Aufzählung der bereits tolerierten Bereiche für Homosexuelle: Der Leistungssport.

Grund hierfür sind die mit dem Sport zusammenhängenden Werte der Männlichkeit und die starke Körperlichkeit des Sportes. Von den Sportlern wird Leistung erwartet und das Erbringen dieser Leistung mit Werten wie Disziplin, Kraft, Ausdauer, Siegeswille usw. wird in unserer heteronormativ geprägten Gesellschaft mit der Heterosexualität gleichgesetzt. So würde ein homosexueller Sportler eben jener Leistungsfähigkeit widersprechen, denn schließlich entspricht er nicht dem Bild der Männlichkeit und damit den gängigen Rollerwartungen. Bei homosexuellen Sportlerinnen kehren sich die Diskriminierung und das Vorurteilsdenken in die andere Richtung. Frauen, die einen Sport ausüben, der mit der Eigenschaft „männlich" bewertet wird, wird automatisch die Weiblichkeit abgesprochen und es wird oftmals angenommen, sie seien

---

76 Hekma: Die schwul-lesbische Welt: 1980 bis zur Gegenwart. In: Aldrich (Hrsg.): Gleich und anders; Eine globale Geschichte der Homosexualität, Murmann Verlag GmbH, Hamburg, 2007

„(…) ja gar keine richtigen Frauen(…)".[77] Neben den zu erwartenden Diskriminierungen durch die Medien, Mitspieler und eventuell Funktionäre ist ein weiterer Punkt die Fanszene. Durch Aktionen gegen Rassismus hat sich die Aggressivität teilweise in Richtung der Homophobie verschoben. Fangesänge mit schwulenfeindlichem Inhalt sind an der Tagesordnung in den Stadien und Arenen. Der Fan unterstützt seine Mannschaft und erwartet dafür Leistung von ihr. Das Wegfallen der für diese Leistung so wichtigen Männlichkeit eines Sportlers würde unweigerlich den Unmut des Fans hervorrufen. Geoutete Sportler würden vermutlich Wettbewerb für Wettbewerb einen Spießrutenlauf absolvieren müssen.

Wie im Unterpunkt „Homosexualität und Leistungssport" bereits angesprochen, sind die Outings im Bereich des aktiven Leistungssports sehr selten. Einige wenige Sportler outeten sich nach dem Beenden ihrer Karriere, unter ihnen nur sehr selten Sportler aus den „männlichen" Teamsportarten Fußball, Handball, Eishockey, Rugby und Basketball. Dass ein Outing schwerwiegende Folgen haben dürfte, ist wahrscheinlich. Daher rät Professor Dr. Schweer homosexuellen Sportlern nicht unbedingt zu einem Coming-Out. Seiner Meinung nach würde ein Outing nicht das Problem der Homophobie im Leistungssport ändern. Er meint, dass sich zuerst einmal das Klima ändern muss.[78]

Die Gesellschaft befindet sich im Wandel. Die, in Bezug auf die Sexualität und Geschlechtsrollenerwartungen und -anforderungen, die starren und vorgefertigten Bilder der materialistischen Industriegesellschaft weichen langsam den flexibleren Werten der Gleichbehandlung in der post-materialistischen Gesellschaft.

Diese Veränderung macht auch vor dem Sport nicht halt. Ein Aufweichen des Klimas lässt sich bereits feststellen. Allerdings von der Seite, von der es vermutlich am wenigsten zu erwarten war: Den Fans.

Schwul-lesbische Fanclubs im Bereich des Fußballs, schwul-lesbische Sportveranstaltungen (GayGames [Olympische Spiele für Homosexuelle])

---

77 Sendung des Südwestrundfunks, „Noch immer ein Tabu: Homosexualität im Leistungssport", Autorin: Felicia Mutterer, Redaktion: Rudolf Linßen, gesendet am 09.06.08 um 10.05 Uhr in SWR2

78 Vgl. Sendung des Südwestrundfunks, „Noch immer ein Tabu: Homosexualität im Leistungssport", 2008

und schwul-lesbische Sportvereine arbeiten an der Überwindung der Homophobie im Sport. Die Fußballfanclubs sind längst mit Regenbogenfahnen in die Stadien der Bundesliga eingezogen. Ein weiterer Grund für die langsame Aufweichung ist auch der gestiegene Anteil der Frauen und Mädchen in den Stadien. Frauen sind sich der Problematik der Homosexuellen in der Gesellschaft mehr bewusst als Männer und setzen sich mit dieser mehr auseinander.

Um also ein Outing zu ermöglichen, müsste sich erst das heteronormative und dadurch homophobe Klima verändern.

„(…) sports can serve as a vehicle for tolerance (…)".[79]

Sport, als ein wichtiger Bestandteil der Gesellschaft, der sich wechselwirkend mit ihr verändert, kann als Vorreiter für eine Akzeptanz von Homosexualität wirken. Kinder und Jugendliche finden ihre Vorbilder und Idole oftmals im Sport. Sportliche Leistung und Erfolge finden Bewunderung bei den Jüngeren. Hier gilt es anzusetzen: Die Modelle des Sports müssten deutlich machen, dass Homosexualität kein Thema für Diskriminierung sein sollte. Kinder sollten lernen, dass Leistung unabhängig von sexueller Orientierung erbracht werden kann und dass Männlichkeit keine Grundvoraussetzung für das Sporttreiben an sich und insbesondere für sportlichen Erfolg ist. Die große Sogwirkung der Athleten, besonders derer, die als Spitzensportler eine breite Medienwirksamkeit erzielen, könnte für eine Veränderung der Ansichten im Zusammenhang mit Homosexualität sorgen und diese Veränderung würde, über kurz oder lang, durch die Einstellungen der Sporttreibenden und der Fans, auch im Sport Einzug finden. So kann durch den Sport eine Verbesserung der Einstellung gegenüber Homosexuellen in der Gesellschaft bewirkt werden und dadurch auf den Leistungssport abfärben sowie auf dessen aktuelles Wertgefüge, in dem die Männlichkeit und die Heterosexualität die Grundpfeiler des Verständnisses sind.

---

79 Schweer, Gerwinat, Siebertz-Reckzeh: Sports clubs and sexual orientations- findings about a region's perceptions dealing with urban versus rural differences, University Vechta, Germany. In: Local Sport in Europe Proceedings 4th eass Conference (European Association for the Sociology of Sport) 31 May – 3 June 2007 Münster, Germany

Die Fragestellung „Lässt sich eine steigende Toleranz gegenüber Homosexualität in Deutschland feststellen? Wie sind, im Hinblick auf die Fragestellung, die Auswirkungen auf die Akzeptanz von Homosexualität im Leistungssport und in welchen Bereichen lassen sich Veränderungen verzeichnen?" lässt sich also folgendermaßen beantworten: In der Gesellschaft lässt sich eine steigende Toleranz gegenüber der Homosexualität feststellen. Noch ist diese allerdings nicht stark genug, um auch eine generelle Toleranz in allen Bereichen der Gesellschaft zu erreichen.

Einer dieser Bereiche, die noch nicht von einer Toleranz gegenüber Homosexualität erreicht wurden, ist der Leistungssport. Trotz einiger Aufweichungsversuche (Fans) wirkt sich die grundlegende heteronormative Einstellung der Gesellschaft durch die Wechselwirkung zwischen den Individuen der Gesellschaft und dem Sport als gesellschaftlicher Institution auf die Vorbehalte des Sports gegenüber Homosexualität aus.

„Wir sind, glaube ich, noch nicht so weit, dass sexuelle Orientierung akzeptiert wird. Und es geht ja nicht um tolerieren, es geht um Akzeptierung. Das ist nicht so." [80]

---

80 Sendung des Südwestrundfunks, „Noch immer ein Tabu: Homosexualität im Leistungssport", Autorin: Felicia Mutterer, Redaktion: Rudolf Linßen, gesendet am 09.06.08 um 10.05 Uhr in SWR2

6. Bildmaterial

6.1. Asexuelle Körperlichkeit

81

---

81 http://allfunny-stuff.com/index.php/Funny-Pictures/Famous-Footballers-Gay-
Kissing.html besucht am 13. Juni 2010 um 11:24 Uhr

---

82 ebenda

83 http://allfunny-stuff.com/index.php/Funny-Pictures/Famous-Footballers-Gay-Kissing.html besucht am 13. Juni 2010 um 11:24

---

84 http://regenbogenfussball.forumprofi.de/viewtopic.php?f=8&t=64 besucht am 13. Juni um 11:36 Uhr

85 ebenda

86

86 ebenda

6.2. Sportler in der Werbung

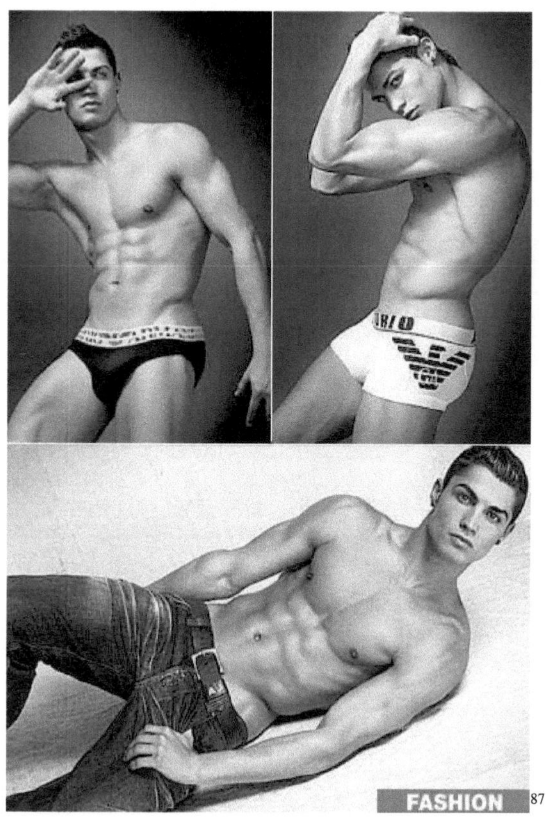

---

87 http://www.nypost.com/r/nypost/blogs/popwrap/201001/IMAGES/13/C2.jpg besucht
am 09. Juni um 17:45 Uhr

88 http://www.whoateallthepies.tv/FreddieLjungberg2.jpg besucht am 13. Juni 2010 um 15:30 Uhr

89 http://kyriolexy.files.wordpress.com/2008/07/fabio-cannavaro-gennaro-gattuso-andrea-pirlo-manuele-blasi-gianluca-zambrotta-dolce-gabbana.jpg besucht am 13. Juni 2010 um 15:40 Uhr

90

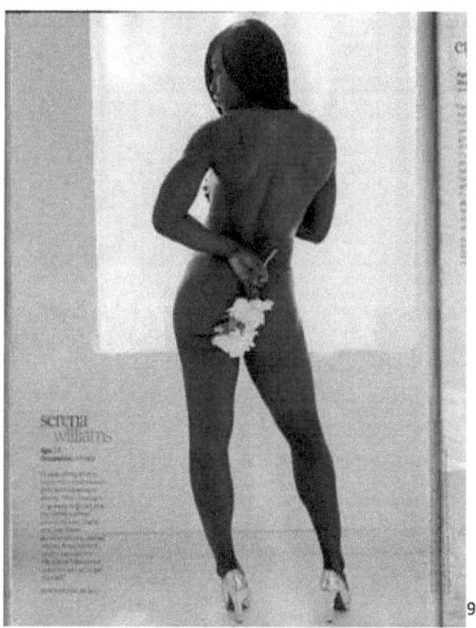

91

90 http://www.ljplus.ru/img3/g/n/gnida_lj/kumbernuss.jpg besucht am 13. Juni 2010 um
15: 42 Uhr

91 http://heavenhollywood.files.wordpress.com/2009/10/serena-williams-nude-in-jane-
magazine.jpg besucht am 13. Juni 2010 um 15:48 Uhr

92

---

92 http://3.bp.blogspot.com/-
uDHQcj_rMww/UHgleJDbHdI/AAAAAAAAB9c/qhOBCG1CubQ/s1600/ANNA-
KOURNIKOVA-maxim-2008.jpg besucht am 13. Juni 2010 um 15:50 Uhr

7. Quellen

Literatur

Walther, Tanja: KICK IT OUT, Homophobie im Fußball

Hekma: Die schwul-lesbische Welt: 1980 bis zur Gegenwart. In: Aldrich (Hrsg.): Gleich und anders; Eine globale Geschichte der Homosexualität, Murmann Verlag GmbH, Hamburg, 2007

Haller: Die Entdeckung des Selbstverständlichen: Heteronormativität im Blick. In: Haller (Hrsg.): Heteronormativität. Sonderband der ethnologischen Zeitschrift kea 2002, (14), 1-28

Sport in Deutschland, Broschüre des Deutschen Sportbundes, 19. Auflage, Frankfurt am Main, Mai 2003

Röthig, Größing (Hrsg.): Sport und Gesellschaft: Kursbuch Sport, 4. Unveränderte Auflage, Limpert Verlag GmbH, Wiebelsheim, 2002

Puig: Differenz und Geschlechterbeziehung im Sport. In: Texte-Quellen-Dokumente zur Sportwissenschaft: Band 31 Sport und Gesellschaften. Heinemann, Schubert (Hrsg.), Verlag Karl Hofmann, Schorndorf, 2001

Neuber: Männliche Identitätsentwicklung im Sport. In: Hartmann-Tewes, Rulofs (Hrsg.): Beiträge zur Lehre und Forschung im Sport, Handbuch Sport und Geschlecht, Hofmann-Verlag, Schorndorf, 2006

Drexel: Zur Trainerethik- oder: Warum man sich in der Sportwissenschaft nicht an universalistischen Ethiken orientieren sollte. Kritik utilitaristischer und Plädoyer für postmodernistische und kommunitaristische Ethikansätze. In: Digel (Hrsg.): Spitzensport: Chancen und Probleme; Jahrestagung der DVS-Sektion „Sportsoziologie-2 vom 29. Juni 2000 in Tübingen", Verlag Karl Hofmann, Schorndorf, 2001

Blaschke: Versteckspieler- Die Geschichte des schwulen Fußballers Marcus Urban, Verlag Die Werkstatt GmbH, Göttingen, 2008

Schweer, Gerwinat, Siebertz-Reckzeh: Sports clubs and sexual orientations- findings about a region's perceptions dealing with urban versus rural differences, University Vechta, Germany. In: Local Sport in Europe Proceedings 4th eass Conference (European Association for the Sociology of Sport) 31 May – 3 June 2007 Münster, Germany

Internetseiten

http://www.dosb.de/de/jugendsport/jugend-news/detail/news/homophobie_im_sport/8585/cHash/324fe9bdb6/nb/7/ besucht am 11. Mai 2010 um 18:43 Uhr

http://www.spiegel.de/sport/sonst/0,1518,353963,00.html, besucht am 29. März 2010 um 16:57 Uhr

http://www.zeit.de/online/2007/25/schwul-jugendliche-internet besucht am 02. Juni 2010 um 22:21 Uhr

http://www.gruene-bundestag.de/cms/archiv/dok/181/181984.sittengesetz_grundrechte_und_homosexuali.html besucht am 22. Mai 2010 um 19:08 Uhr

Radio

Sendung des Südwestrundfunks, „Noch immer ein Tabu: Homosexualität im Leistungssport", Autorin: Felicia Mutterer, Redaktion: Rudolf Linßen, gesendet am 09.06.08 um 10.05 Uhr in SWR2

Bilder

http://allfunny-stuff.com/index.php/Funny-Pictures/Famous-Footballers-Gay-Kissing.html besucht am 13. Juni 2010 um 11:24 Uhr

http://regenbogenfussball.forumprofi.de/viewtopic.php?f=8&t=64 besucht am 13. Juni um 11:36 Uhr

http://www.nypost.com/r/nypost/blogs/popwrap/201001/IMAGES/13/C2.jpg besucht am 09. Juni um 17:45 Uhr

http://www.whoateallthepies.tv/FreddieLjungberg2.jpg besucht am 13. Juni 2010 um 15:30 Uhr

http://kyriolexy.files.wordpress.com/2008/07/fabio-cannavaro-gennaro-gattuso-andrea-pirlo-manuele-blasi-gianluca-zambrotta-dolce-gabbana.jpg besucht am 13. Juni 2010 um 15:40 Uhr

http://www.ljplus.ru/img3/g/n/gnida_lj/kumbernuss.jpg besucht am 13. Juni 2010 um 15: 42 Uhr

http://heavenhollywood.files.wordpress.com/2009/10/serena-williams-nude-in-jane-magazine.jpg besucht am 13. Juni 2010 um 15:48 Uhr